THE DILEMMA OF
TECHNOLOGICAL CATCH-UP IN
DEVELOPING COUNTRIES

任秀峰◎著

发展中国家技术赶超的困境

技术转型中的“模仿陷阱”

中国经济出版社
CHINA ECONOMIC PUBLISHING HOUSE
·北 京·

图书在版编目（CIP）数据

发展中国家技术赶超的困境：技术转型中的“模仿陷阱”/任秀峰著．—北京：中国经济出版社，2023.10

ISBN 978-7-5136-7516-1

Ⅰ.①发… Ⅱ.①任… Ⅲ.①技术革新-研究-中国 Ⅳ.①F124.3

中国国家版本馆 CIP 数据核字（2023）第 192936 号

责任编辑　郭国玺
责任印制　马小宾
封面设计　任燕飞工作室

出版发行　中国经济出版社
印 刷 者　北京艾普海德印刷有限公司
经 销 者　各地新华书店
开　　本　710mm×1000mm　1/16
印　　张　10.5
字　　数　161 千字
版　　次　2023 年 10 月第 1 版
印　　次　2023 年 10 月第 1 次
定　　价　98.00 元
广告经营许可证　京西工商广字第 8179 号

中国经济出版社 **网址** www.economyph.com **社址** 北京市东城区安定门外大街 58 号 **邮编** 100011

本版图书如存在印装质量问题，请与本社销售中心联系调换（联系电话：010-57512564）

前　言

发展中国家的技术赶超问题是我多年来研究的主要方向之一，我在攻读博士学位阶段一直对技术赶超的问题进行研究，经常深思：一个企业、一个行业、一个地区、一个国家如何才能摆脱自己技术落后的局面？

事实证明，无论是微观层面的企业、中观层面的行业、宏观层面的地区和国家，技术落后就会处于竞争的劣势，世界发展的历史也证实了“落后就会挨打”的真理。希望本书的研究能够对发展中国家技术赶超的研究有些许贡献。

本书由本人的博士学位论文修改而来，由于个人能力所限，书中难免有错漏之处，请广大读者不吝赐教。

目　录

绪 论

技术进步对经济增长产生了巨大的影响。科学技术在当代生产力发展中扮演着决定性的角色，技术进步已成为推动经济增长的主要因素。技术创新不仅可以促进行业的技术进步，还可以促进区域的技术进步，使资源得到充分利用，提高资源利用率，提升各地区的竞争力，最终促进经济增长，缩小城乡之间的差距。以中国为例，自中华人民共和国成立以来，中国经济走过了不平凡的发展历程。作为中国经济增长的动力，技术进步在经济增长中扮演着何种角色、产生何种影响的问题引起了学界广泛的讨论。自改革开放以来，中国经济保持了持续高速增长的态势。然而，近年来，中国经济增速放缓，出现了结构性产能过剩、劳动力报酬份额持续走低、自主创新能力不足、技术进步变缓等一系列问题。

那么，究竟是哪些因素导致了中国经济增长速度的放缓？经济增长放缓是短期现象还是长期趋势？如何才能使中国在未来一段时间内仍然保持较高的增长速度？要解释经济增长放缓的原因，首先要厘清中国经济增长的动力源泉，是依靠工业化规模扩张过程中的模仿和学习效应，还是由高要素投入来驱动增长。这不仅可以有助于更好地判断中国经济增长的质量，还有助于探索中国经济增长的可持续性路径。

技术进步对经济增长起着重要的影响作用。经典的新古典经济学、新经济增长理论、熊彼特经济学及新熊彼特理论都强调技术进步在经济增长中的重要作用。新古典经济学认为，技术进步速度决定了稳态时经济增长的速度；新经济增长理论认为，技术进步是经济长期增长的主要原因，技术进步能克服其他要素边际报酬递减，实现经济增长；熊彼特经济学及新熊彼特理论认为，创新作用于技术进步从而影响经济增长。从世界经济的发展历史来看，拥有世界前沿技术的国家都有着较为稳定的经济增长速度和较高的收入水平。发展中国家与发达国家在技术水平上存在着较大的差距，发展中国家要实现经济上对发达国家的赶超，就必然要缩小与发达国家在技术上的差距。因此，发展中国家实现对发达国家的技术赶超是实现经济赶超的必要条件。

本书重点研究的问题是发展中国家技术赶超的问题。技术赶超的实现并不是一蹴而就的，因此，在研究技术进步问题时学者将技术赶超的过程分为几个阶段，其中，模仿与创新是发展中国家技术赶超必须经历的两个主要阶段。在技术赶超的初始阶段，发展中国家技术与世界技术前沿的差距较大，此时模仿是推动技术进步的主要方式；在技术赶超的中后期阶段，发展中国家技术与世界技术前沿的差距较小，此时创新对技术进步的作用大于模仿。

第一节　主要研究内容

本书采用理论与实证相结合的研究方法，绪论及前两章主要从理论上研究发展中国家技术赶超的问题。第三章至第四章主要以发达的 OECD 国家和发展中国家作为样本分析发展中国家技术赶超中存在的问题。第五章对发展中国家的技术追赶中从模仿向创新转型的国际经验进行分析，并对中国的转型进行了分析。第六章为绪论与展望。

一、理论研究部分

绪论及前两章主要是从理论方面对技术赶超问题进行研究。绪论部分阐述了本书研究的现实意义与理论意义。从现实意义上讲，技术赶超过程中由模仿向自主创新转型是发展中国家技术赶超的内在要求，因此，本书能为我国现阶段的国家创新战略提供支持。从理论意义上讲，技术赶超过程中由模仿向自主创新转型的问题可以丰富和充实技术赶超理论，为发展中国家的技术赶超提供理论上的支持和方法上的建议。绪论最后一节对本书的研究方法和研究思路做出概述，对本书的可行性进行论证并提出了本书可能实现的创新以及具体的技术研究路线。

第一章回顾梳理了发展中国家技术赶超的相关理论和文献成果。首先分析技术赶超可行性的理论，其次分析技术赶超的阶段性理论，最后分析技术赶超过程中模仿主导向创新主导转型的相关理论。通过文献回顾和梳理，笔者认为技术模仿与创新在赶超的不同阶段对技术进步的推动作用并不相同。技术赶超不再囿于连续演进路径，存在着阶段性特点。阶段间的过渡无法简单完成，特别是由模仿向创新的过渡存在较多困难。很多发展中国家没有完成对世界技术前沿的赶超，最重要的原因就是没有完成由模仿向创新的技术转型。

第二章通过拓展罗默的三部门增长模型对发展中国家的技术赶超进行了理论分析。分析结果表明，发展中国家在技术赶超路径上存在模仿均衡点与创新均衡点。发达国家的技术水平会收敛于创新均衡点，该均衡点处对应着较高的中间品价值与较高的技术水平；发展中国家的技术水平会收敛于模仿均衡点，该点处对应着较低的中间品价值与较低的技术水平。在技术赶超过程中，只有成功越过模仿均衡点才能达到创新均衡点，从而实现赶超。发展中国家只有从模仿均衡点跃升到创新均衡点，才能实现技术赶超，这种跃升的过程就是由模仿向创新转型的过程。在技术赶超的不同阶段里，实现技术进步所需要的要素禀赋各不相同。相同要素在技术赶超的不同阶段对技术进步的影响作用也存在差异；要素自身的丰富程度和发展水平若发生变化，它对技术进步的作用也会发生相应变化。综合上述原因，本书认为，技术赶超中由模仿向创新转型这一过程的实现是困难的。本章还建立了一个厂商的微观决策模型，用来分析企业对于模仿和创新的选择机制，以此来论证由模仿向创新转型的微观理论机制。

二、实证研究部分

第三章根据跨国数据对国家间技术收敛情况进行检验。检验时，样本国家被分为发展中国家与 OECD 国家两组。第一步对技术水平的绝对收敛进行检验。结果表明，OECD 国家的技术水平绝对收敛，发展中国家与总体样本国家均不绝对收敛。再对国家间技术水平进行条件收敛检验，按照条件收敛的检验方法，将那些对技术进步产生影响的要素引入条件收敛模型进行检验，检验结果显示：总体样本国家存在条件收敛。能够影响技术收敛的要素必然会对技术赶超产生影响，也必然会对技术赶超过程中由模仿向创新的转型产生影响。所以，本章对这些要素展开了较为详细的分析，以便读者了解这些要素对技术进步的影响，以及这种影响在模仿主导国家和创新主导国家中表现出的差异。

第四章通过建立动态面板模型，实证分析了影响收敛的因素对技术赶超国家和技术发达国家的技术进步所起到的作用。在实证分析过程中，对样本国家进行分组估计研究，分析比较了这些影响因素在 OECD 国家和发展中国家对技术进步所发挥的作用之间的差异。这些差异说明了以模仿为主导的发展中国家和以创新为主导的 OECD 国家在推动技术进步时对要素的需求存在差异。为了进一步分析这种差异性，本章通过面板门槛回归对要素影响技术水平的结构性特点进行研究，研究结果显示，这些转型要素对技术进步产生影响时存在着相应的门槛效应。如果它们自身的发展程度和丰富程度产生变化，那么，它们对技术水平的影响将会出现显著的差异性。

三、对比研究与中国的转型实践

第五章主要研究发展中国家模仿向创新转型是否成功对发展中国家技术赶超可能产生的影响。通过对实现技术赶超的国家和没有实现技术赶超的国家进行对比发现，成功实现技术赶超的国家也成功实现了由模仿向创新的转型，并且以创新为技术进步的主要推动形式。长期未能完成由模仿向创新转型的国家，在技术赶超上是失败的。在此基础上，本章对技术转型失败与中等收入陷阱问题进行论述。第六章对本书的研究成果进行总结，并反思了研究中存在的不足，最后对下一步的研究做出展望。

本书从理论与实证两方面进行研究，在理论分析时提出两个命题，然后通过实证研究进行证实。

第二节　研究的现实意义

一、模仿向创新转型是发展中国家技术赶超的内在要求

从世界人口的分布来看，世界大多数人口分布在发展中国家。发展中国家的经济发展会对世界经济的发展产生极大的影响。技术进步对经济增长的作用非常显著，发达国家往往具有较高的技术水平，而发展中国家的技术水平普遍低于发达国家。发展中国家与发达国家在技术水平上的差距是造成它们经济水平与经济增长水平差距的重要原因，缩小技术上的差距是缩小经济差距不可或缺的重要条件。所以，对发展中国家的技术赶超问题进行研究具有重要的现实意义。

从全球的创新角度来看，大部分研发投资集中在少数几个技术发达的国家，相应地，更多创新成果也出现在这些技术发达国家，而发展中国家的技术进步方式多为模仿。但近年来，发展中国家的创新活动也在不断增加。在创新方面表现比较突出的发展中国家中，有一些是新兴经济体，也有一些是在模仿阶段充分利用模仿在很大程度上提高了自身的技术创新和技术能力，并在研发创新投入方面和专利水平、高技术产品出口增加等创新产出方面实现了提高。

由此可以看出，发展中国家已经不再满足于通过模仿来实现技术进步从而推动经济增长，而是积极地寻求更多的技术自主创新来促进技术进步，以期实现更好更快的经济增长。现今，世界上人口最多的两个国家——中国和印度都是发展中国家，两国经济在过去的十几年里都实现了较快的增长，尤其是中国更是在过去的四十多年中保持经济长期快速的增长。中印两国政府都提出了相应的国家创新政策，中国政府提出要将创新作为新的经济增长引擎，印度政府则提出国家将进入创新的十年。

随着越来越多的国家加强创新，世界经济及世界技术总体水平将会实现较大的提升。基于这一世界性的技术变化，本书着重对发展中国家在技术赶

超中所面临的技术转型①问题进行分析。对于发展中国家来说，这种技术转型是困难的，因为事实已经证明通过提高自身的技术水平来推动经济增长，从而实现与发达国家在经济和技术上的收敛，并不是一个容易实现的目标。为了实现这个目标，发展中国家需要进行相关的研究以寻求突破。

二、中国的创新战略

中国是世界上最大的发展中国家，在过去的几十年中，技术模仿对推动中国技术水平的提升发挥了显著作用。然而，中国在创新方面的努力和成果也是不容忽视的。中国的创新水平在近几年里有了较快的提高，科技水平提升显著，取得了引人注目的成就。中国在高新技术方面，特别是在航天、深海、光电及交通运输技术等方面所取得的成就尤为显著。

近年来，中国政府一直将创新作为重要的国家发展战略，加大了对创新的投入，重视创新人才的培养，提出了许多激励创新的政策，积极营造良好的创新环境。在创新投入方面，中国的研发强度，即研发支出占国内生产总值的比重不断提高，2013 年中国的研发强度已超出 2%，这一水平高于世界的平均研发强度，接近发达国家的平均研发强度。

一个国家的专利申请数量与专利授权数量，是比较有代表性的衡量创新水平的指标。专利的类型有三种，分别是发明专利、外观设计专利和实用新型专利。近十年来，中国的专利申请数不断增加。世界产权组织公布的数据显示：中国在 2012 年专利的申请数量已经超过美国，成为世界专利申请数量第一的国家。在三种类型的专利中，发明专利更能体现创新的水平。中国的发明专利增长也十分迅速，并于 2014 年成为发明专利世界申请数量第一的国家。除了专利之外，中国的创新人才储备越来越多，工程师和科学家的数量不断增加。中国在创新方面的良好成绩离不开政府政策的支持，政府的创新

① 这里的“技术转型”指的是技术进步的模式由模仿向创新转型，在本书后面的表述中提到技术转型都是表达相同意思；“对外模仿”与“模仿”和“技术模仿”意思相同，在本书中并行使用；在“自主创新”“技术创新”中，“创新”意思相同，在本书中并行使用。本书第二章会在概念界定上进一步说明。

政策为中国的技术创新带来了更大动力。

在世界经济发展中，日本与韩国正是通过这种技术上的成功转型实现技术赶超的典型国家，这也为其他国家实现赶超提供了现实依据。然而，也有不少致力于实现技术赶超的国家并没有实现目标，相反，却出现长期的技术水平停滞，甚至是倒退。为什么少数国家能转型成功，而多数国家却在转型中失败？针对这一问题的原因进行深入的分析，对解决中国的技术进步方式转型具有重要的现实意义。

第三节 研究的理论意义

一、南北技术扩散理论

新古典经济理论的典型代表是索罗—斯旺的经济增长模型。该增长模型认为，长期稳态的经济增长水平等于外生的技术进步率。模型强调技术对于经济增长的作用，但是却把决定经济增长的技术进步率外生化。技术进步率如此重要却是外生的，那么，又是什么因素决定技术进步率？为了回答这一问题，经济学家提出了许多技术内生化方法。技术进步内生化理论取得了大量的研究成果（Acemoglu，1994，1996；Adam，1987；Aghion，1996，1997；Atkeson，1993；Taylor，1980）。在这些理论研究成果中，多数文献认为技术创新是技术进步的源泉；也有文献指出，国际技术扩散促进了发展中国家获得技术进步。基于这两种理论建立起来的南北技术扩散模型，认为北方发达国家用创新促进新技术产生，而发展中国家通过贸易、国际直接投资等方法模仿北方发达国家的技术。

二、技术赶超的阶段性理论

南北技术扩散理论较好地描述了全球技术发展的总体形势。从全球技术发展来看，大多数的创新活动发生在技术发达国家。发展中国家更多的是模仿活动，创新活动不占主导地位。相对于创新而言，模仿对本国已有的技术水平和技术储备以及对人力资本的要求并没有那么高。这正好与发展中国家的现实情况符合。所以，在对发展中国家的技术进步理论进行研究时重视模仿是必要的。在南北技术范式下，会产生以下的问题：第一，为什么发展中国家不通过创新来促进技术进步？第二，发展中国家只通过模仿能实现对发达国家的技术赶超吗？第三，发展中国家在技术赶超中对模仿与创新的关系如何处理？

为了解释和回答以上三个问题，在南北技术扩散模型的基础上进一步形成了许多的技术进步理论。根据国家对技术进步方式的不同选择，可以将已有的这方面的研究成果大体分为三类：①坚持模仿，发挥后发优势。在技术引进之后，通过充分发挥本国的劳动力等资源禀赋方面的优势实现技术赶超。②坚持自主创新，否认后发优势。这个观点认为，模仿无法建立起本国的比较优势，在发达国家对核心技术和专利采用严格封锁的情形下，创新才能摆脱发达国家的控制，只有通过创新才能形成本国真正的竞争力和比较优势。长期的模仿还可能会使本国的产业结构升级缓慢，在国际产业分工中被锁定在国际垂直分工的低端。③先模仿，再向创新转型。先通过模仿提高本国的技术知识储备，提高本国的人力资本水平，为自主创新创造条件，当条件成熟时就要向自主创新转型。这是典型的技术进步阶段性理论的观点。

三、技术赶超阶段理论中的阶段转型理论

技术进步阶段性观点指出了技术进步的阶段性特征，表现在推动技术进步的方式上。前一阶段是模仿模式主导，后一阶段是创新模式主导。技术进步阶段性理论指出了发展中国家的技术进步的大致路径，但是却没有解释模仿阶段要向创新阶段转型的原因、模仿向创新转型是否会顺利实现以及影响技术模仿向创新转型的决定因素。目前解释这几个问题的理论研究并不多。本书试图构建发展中国家技术赶超的完整路径，特别是对两个阶段间转型的问题进行深入分析。通过对技术赶超中影响模仿与创新决策的因素进行分析，解释发展中国家由模仿向创新转型的原因以及这些因素在技术转型中对技术进步的影响与其他阶段时的差异。

从理论意义上来讲，本书的研究是对技术扩散理论中传统的南北范式的拓展，也是对发展中国家技术赶超理论的丰富。从理论研究角度来看，本书的研究进一步丰富了发展中国家技术赶超阶段理论中的阶段转型理论。通过理论研究强调了阶段性理论没有重视的转型问题，同时解释了为什么要转型和哪些是影响转型的因素。

第四节 研究的方法与框架结构

一、研究方法

（一）文献研究法

通过对已有相关文献的回顾和梳理，厘清了本书研究的方向。在对国内外相关文献进行梳理和分析后，确定了本书研究的切入点。

（二）定性与定量相结合的研究方法

书中对相关的技术进步模式与技术赶超概念进行界定，并对影响技术进步的因素进行定性分析，再通过实证研究来定量分析这些影响因素的大小与方向。

（三）理论与实证相结合的研究方法

在理论分析中，借助于已有的技术赶超理论，建立本书的理论模型，再通过实证分析对理论分析的结论进行检验。

在此基础上，形成了较为完整的研究思路并确立了研究范围与本书大纲。在拟定的框架内，收集关键数据，采用较为系统的数据处理方法，使用面板数据对理论进行实证分析。

二、本书的特色与可能的创新之处

考虑到发展中国家（南方国家）既模仿又创新时，技术赶超对国际技术扩散中“北方创新—南方模仿”的完全专业化分工方式进行了丰富和拓展。

考虑到发展中国家的模仿与创新在推动技术赶超时的不同理论机制，对技术赶超中由模型向创新转型的问题做出分析。本书进一步丰富了技术赶超理论中有关模仿与创新两阶段间转型的理论，对发展中国家技术赶超中技术转型失败的原因进行探析，通过对比研究，指出转型失败与陷入中等收入陷阱存在的内在关系，从技术转型失败的视角来解释中等收入陷阱的成因。

第一章　国内外研究的现状

技术进步对经济增长的重要作用，在马克思主义政治经济学、新古典经济学、新增长理论中都有相关的论述。发展中国家要想缩小与发达国家之间的经济差距，就要缩小两者之间在技术上的差距。从技术的层面上看，发达国家往往处于世界技术水平的前沿，而发展中国家技术远远低于发达国家。为了缩小这种技术上的差距，发展中国家就要拥有比发达国家更快的技术进步速度，才能实现技术上的赶超。

第一节　技术赶超的概念与可行性

一、技术赶超的概念

从宏观层面来看，所谓技术赶超，就是技术发展中国家或者地区对处于技术前沿的国家在技术上的追赶与超越。从微观层面来看，技术赶超主要是行业中技术落后企业对于行业技术前沿企业的追赶与超越。从新增长理论的视角来看，技术赶超的问题其实是国际技术扩散的问题。当然，发展经济学和技术经济学对此问题也有相应的研究。所以，技术赶超是一个可以从多学科进行研究的经济问题。

韩国学者 Lim（2001）认为，技术赶超是指发展中国家沿着技术领先国已走过的技术经济发展轨道，以高于发达国家的技术进步速度来实现本国的技术进步。在一定的时期内，发展中国家利用这种技术速度差可以实现对发达国家的技术超越。陈德智等（2004）认为，技术的进步路径不是一种连续性，而是非连续性的，技术赶超的目标是迅速提高国家或者地区的技术水平。技术赶超能缩短发展中国家与技术领先国家之间的技术差距，并通过一定的时间赶上甚至是超越领先者。

吴晓丹和陈德智（2008）认为：“‘赶超’一词的英文翻译为 catching-up 或 catch-up，意思是技术上的跟随者与技术领先者之间相对运动的速度及位置关系。跟随者快速进步，缩小它与技术领先者之间的差距，并在具备了一定的技术条件下赶上或者是超越技术领先者。”他们将技术赶超的过程分为两个重要的阶段：第一个是技术追赶阶段，第二个是技术超越阶段。朱雅彦（2010）认为，技术赶超中就已经包含了技术的跨越。技术跨越是技术赶超中一个重要的阶段，也是实现技术赶超的重要环节。

生延超（2007）、欧阳峣和生延超（2008）指出，技术赶超是指某一国家或者地区在技术落后于其他国家和地区的情况下，通过不断提高自身的技术水平，在具备了一定的技术条件之后实现对技术发达国家或者地区的超越。在世界经济史上，这种技术赶超的例子屡见不鲜。工业革命后，英国的技术水平大幅度提升超越了荷兰、西班牙等国，美国和德国在 19 世纪 90 年代和 20 世纪初分别实现了对英国的技术赶超，日本在 20 世纪中后期实现了对英国和法国的技术赶超。这些已经发生的技术赶超说明技术赶超是一个现实的经济发展问题。实现技术赶超的国家会在国际技术地位上取代原来的技术领先国，占据优势地位。

二、后发优势与技术赶超的可行性

格申克龙（Gerschenkron）是较早提出发展中国家具有技术赶超优势并且为技术赶超提供理论支持的学者。格申克龙（1962）指出，由于发展中国家引进的产业技术是技术发达国家已经成熟的技术，所以发展中国家能够迅速掌握这些技术并转化成自己的产能，高效率投入生产。格申克龙认为，正是发展中国家与发达国家技术上的差距，为发展中国家技术赶超提供了潜在的优势。他将这种优势称为“后发优势”。后发优势存在的根本原因是模仿与创新在成本上存在着差距，发展中国家可以充分利用模仿的低成本来实现赶超。格申克龙的后发优势理论思想促进了相关技术赶超方面的理论和实证研究，许多的研究集中在分析发展中国家或地区能否缩小甚至赶超技术领先国家或地区这一问题上。对于这种赶超能否实现，学者的意见并不统一。

林毅夫（2002）、林毅夫和董先安（2004）指出："发展中国家可以利用它与发达国家之间的技术差距，实现技术快速度的变迁。一个经济体技术变迁的速度越快，相同的资本投入下，资本回报率更高。在利润的驱使下，该经济体会出现更快和更高的资本积累和技术积累。"他们认为，随着技术积累达到一定水平，有着更高的技术含量和更多附加值的产业就会兴起，从而促进该国或地区经济增长和技术进步的双向提高。林毅夫和张鹏飞（2005）提出了一个技术发展中国家通过充分发挥本国的后发优势，从而实现对技术发达国家的技术赶超的内生增长模型。在这一理论模型中，技术发展中国家通过模仿技术领先国的技术，使本国的经济增长速度超过发达国家。这种增长速度差距的存在是实现经济收敛的重要原因。林毅夫和张鹏飞的理论模型较好地将后发优势理论模型化，认为通过模仿就能实现赶超的结论与现实的经济现象并不相符。

Mathews（2007）也是后发优势理论的支持者。他认为，后发优势的获得不仅是模仿的成本低于创新，还因为发展中国家可以在技术进步的道路上借鉴发达国家的经验而少走弯路。Mathews 进一步指出了后发优势的优点，认为模仿者不但有低成本优势，还有路径选择上的经验优势。但是，这一理论没有解释为什么有些发展中国家认识不到模仿的后发优势却愿意进行创新活动。

也有学者不赞同格申克龙的后发优势理论。他们指出，后发不一定会有优势，也可能使自身处于劣势。简新华和许辉（2002）认为："技术发展中国家是优势和劣势并存的。经济向知识化、信息化及全球化日益发展。这会使得优势和劣势间发生一定的转化。"一些学者从制度方面进行研究，指出后发优势不一定存在，后发是一种劣势（Sachs、胡永泰，2003）。杨小凯（2003）指出，只有对制度进行模仿，才能克服后发劣势实现赶超。一些学者研究指出，现今的世界经济形势发生了巨大的转变，后发优势在新形势下已经不显著，相反，新形势下技术的后发劣势逐渐显现（王文龙、唐德善，2007；曾国安、王继翔，2003）。

虽然在后发优势问题上存在着争论，但是支持这一理论的研究成果不在少数。现实经济中，也存在新兴经济体利用自身后发优势实现快速发展的现象，因此，本书认为，后发优势理论为技术赶超提供了理论上的支持，而世界经济发展史上的成功赶超实例也为技术赶超的可行性提供了佐证。

三、国际贸易全球化与技术赶超的可行性

Brezi 等（1993）从国际贸易的角度建立了世界经济中一个国家技术领先地位周期更替变化的理论模型，称为国际竞争中的“蛙跳”模型。该模型从理论上阐明了发展中国家（地区）实现技术赶超的可能性。他们认为，当一项重大创新技术出现时，在开始阶段这项新技术并不成熟，所以一般情况下，新技术的生产效率无法超越原来旧有技术的生产效率。所以，新技术往往不容易被现如今的技术领先者所采用，而技术水平原本落后的国家更容易接受新技术。因此，技术落后的国家利用本国劳动力等生产要素低于技术领先国的成本优势，可以对原来的技术领先国实现赶超。“蛙跳”模型从国际贸易的角度将技术赶超成功的可能性进行模型化处理，很好地解释了两次技术革命后世界技术领先地位的更替，但并没有解释新技术是如何产生的。现代世界技术发展的趋势表明，新技术更多地产生于技术领先国家。技术落后国家获得新技术会存在内外两方面的困难。从内部来说，采用新技术后如果没有相应的技术人才和产业支撑，就无法消化吸收新技术；从外部来说，随着世界知识产权保护水平的提高和发达国家在关键技术上的封锁，技术落后国家很难获得最新的技术。

Amsden 和 Hikino（1994）指出，世界经济全球化的发展让发展中国家有更多的机会接触世界最新、最前沿的技术。通过更多地接触和认识世界前沿技术，发展中国家能够更好地结合本国的优势来确定适合本国的技术发展最优路径实现技术赶超。Amsden 和 Hikino（1994）指出了国际贸易发展对发展中国家技术赶超带来的潜在好处，但是没有指出发展中国家如何将这种潜在

好处转化为实际的技术赶超结果。

Nelson 和 Phelps（1966）认为，国际贸易的不断发展为发展中国家通过国际技术扩散实现技术赶超提供了机会。通过对南亚发展中国家参与国际贸易后技术水平的提升进行研究发现，虽然南亚国家的技术水平低，国际贸易主要发生在农业领域以及以农业为基础的工业领域，但仍然给这些国家带来技术水平的提升以及经济增长。Reed 等（1995）也对这些南亚发展中国家的技术水平提升以及经济增长进行了实证分析。结果显示，在参与国际贸易的这些国家，技术和经济都有了显著的提升。这一结果并不像拉美学派的结构主义理论（即中心—外围结构理论①）所提出的，国际贸易有利于位于中心的发达国家，不利于处于外围的发展中国家。这一研究还指出，国际贸易是发展中国家技术赶超发达国家的重要途径。这一结论对发展中国家有着实际的指导意义。

吴晓丹和陈德智（2008）认为，技术具有公共品的特点，扩散的成本很低。这种低成本的扩散为技术落后企业提供了赶超的可行方法。技术落后者要充分利用国际和国内的技术扩散，做好对技术的消化、吸收，为二次创新和自主研发奠定基础。吴晓丹和陈德智的研究得出了与 Nelson 和 Phelps 类似的结论：技术扩散有利于技术落后者对领先者的技术赶超。但他们共同的问题是都没有考虑到发展中国家整个的赶超路径。模仿技术只是技术赶超中的一个阶段，只通过模仿是无法对发达国家实现技术赶超的。

第二节 技术赶超中技术进步方式的选择

发展中国家的技术赶超应该选择何种方式实现技术进步？发展中国家应该选用何种方式才会对本国（地区）的技术赶超更为有利？在这些问题上，学者存在着较大的分歧。

---

① 中心—外围理论是由普雷维斯提出的，它是结构主义理论的重要基础。该理论认为，世界经济分成外围和中心两个部分，处于中心位置的是实现了工业化的发达国家，专业化生产初级产品的国家处于外围。整个世界的经济就是这样的一个二元结构。

一些学者认为，低成本的模仿应该作为发展中国家主要的技术进步方式。支撑这一选择的理由如下：①发展中国家可以充分发挥本国的后发优势实现赶超；②部分学者（林毅夫等，1999；黎娟娟，2010；徐建斌、尹翔硕，2002；等等）认为，技术结构会内生于要素结构，随着要素结构的升级，技术结构也会升级，技术也会相应地进步，因此，经济发展不是首先去追求技术结构的升级，而是要先凭借本国要素的比较优势加快要素升级的速度。林毅夫（2003）根据比较优势理论指出，中国及其他发展中国家充分利用模仿来推动本国的经济技术发展是有利的策略。更有一些学者（Krugman，1979；Batiz and Romer，1992；陈智远，2002；殷德生，2006；谭裕华、冯邦彦，2008；韩民春、徐姗，2009；等等）认为，比较优势理论并不能很好地为发展中国家或者地区提供理论指导。在比较优势理论的基础上，他们提出了动态比较优势理论。[①] 动态比较优势理论认为，一个国家的比较优势是会发生改变的，发展中国家应该从动态发展的角度去培养本国在新的形势下所需要的比较优势。这些学者的研究大都建立在模仿能对发展中国家后发优势的理论进行发展的基础上，但动态比较优势理论作为比较优势理论的发展，对发展中国家技术赶超更具指导意义。

也有学者（Taylor，1993；Mansfield，1994；Yang and Maskus，2001；傅家骥，1998；李思一，2000；李建民，2006；赵忆宁，2003）认为，发展中国家应该发展自主创新。他们虽然也认同大多数发展中国家现在处于模仿为主导的技术模式，在自主创新上存在着较大的困难，但他们认为，发展中国家还是应该搞自主创新，只有在某些领域达到世界技术的前沿水平，才有可能实现赶超。发展中国家长期的技术引进与模仿并没有带来本国技术水平的显著提高，更多的是对技术的简单复制和仿制，消化、吸收与转化技术的能力差，引进技术二次创新的能力较弱，潜在的技术后发优势无法发挥。这样

① 动态比较优势理论不同于静态比较优势理论，它认为比较优势并不是先天决定的，而是可以后天习得的；它也是在新贸易理论基础上的一种延伸，可以是源于创新的动态比较优势，也可以是源于“干中学”效应的动态比较优势，用于研究在国际贸易的情况下，一个国家动态比较优势的形成和演进。

的模仿并不能很好地提高自主创新的能力，因此也就无法实现赶超。如今，拥有技术优势的发达国家越来越多地通过国际知识产权保护协议（TRIPS）和对高技术产品出口的限制封锁技术扩散，极大地限制了发展中国家技术后发优势的发挥。

从已有的研究中不难发现，各种观点的争论焦点在于技术发展中国家应该选择什么样的技术进步方式，是选择以坚持模仿为主发挥技术后发优势，还是以自主创新为目的，在技术引进和模仿的同时想方设法地提高本国的自主创新能力，以此摆脱技术领先国家的技术封锁和压制。

不管对这两个问题的选择是否合理，是否能够在发展中国家实现和实施，在什么阶段要实现模仿、在什么阶段要以创新为主导，这些问题的解决都有赖于我们对另一个问题的研究：技术选择的决策是内生的还是外生的。所谓决策外生，是指国家经济技术水平、人力资本水平、资源禀赋等外生因素决定了哪些国家能够实现创新、哪些国家能够进行模仿；而决策内生则是从发展中国家长期的技术发展战略出发，思考如何更好更快地实现赶超。根据影响决策的因素的性质，可将对技术进步方式的选择分为内生与外生选择两种类型。

一、技术进步方式的外生选择

在西方学者的早期文献中，北方国家大多是技术领先国，而南方国家大多是技术落后国家，北方技术领先国与南方技术发展中国家的技术进步方式都是外生决定的。北方国家以技术创新为主，而南方国家只能以模仿的方式获得技术进步。

Vernon（1966）提出的产品周期是开创性地研究技术扩散南北范式的理论。该理论认为，一种产品会经历创新期、成熟期和标准化生产期。产品的创新期通常发生在技术创新的北方国家，成熟期后开始向南方国家转移，标准化生产期时就会在南方国家生产，北方国家将退出这一产品的生产。日本学者赤松要根据产品生命周期理论，提出了产业发展的雁行模式。雁行模式是指一个国家根据产业的技术优势对产业进行国际转移时，一国会将在本国失去比较优势的产业向发展中国家转移。产品周期理论是较早的国际技术扩散中南北技术分工模式的理论，较好地刻画了南北间由于技术水平的差距造成的在国际技术分工方面“北主创新而南主模仿”的态势。

此后的研究大都沿用 Vernon（1966）所阐述的由于南方国家与北方国家在研发能力上的差异而导致的北方创新—南方模仿的国际技术分工模式。Krugman（1979）将技术创新与国际技术扩散纳入一个理论模型中进行分析。然而，Krugman 的模型中没有考虑技术在国际转移和扩散中的成本问题，也没有考虑南方国家为模仿所付出的成本以及南方国家对北方转移技术的吸收问题。

Dollar（1983，1986）提出了“北方国家创新、南方国家只模仿”的假设。他考虑到了模仿成本的问题，并假定模仿的成本是关于南北工资差距的单调递增函数。这种假设是在 Krugman（1979）模型基础上更加符合南方国家实际情况的假设方式，但是 Dollar 建立的模型中忽略了南方国家要投入模仿的资源以及南方国家本身的模仿与创新能力。所以，从本质上来看，Dollar 的模型中发展中国家技术模仿并不是内生的。

与 Dollar 的模型不同，Jensen 和 Thursby（1986）通过建立模型将模仿和创新的成本都考虑进来，还考虑了南方国家的模仿成本，他们的模型对于世界经济发展的实际情况就有了较强的解释力，特别是对发展中国家的技术模仿的差异性。由于发展中国家本身的技术能力不同，同样的模仿所换来的技术进步的水平也大不相同。然而，在 Jensen 和 Thursby 的模型中，没有采用家庭效用最大化将利息内生，最后模型实现的经济均衡是局部均衡。Grossman 和 Helpman（1991）将一个国家在选择模仿与创新的动态过程中实现经济增长用一般均衡模型来刻画，指出一个国家会根据利润最大化原则来选择何时采用模仿、何时采用创新。然而，他们的模型更多的是在解释发达国家的情况，没有考虑发展中国家的选择。

Barro 和 Sala-I-Martin（1997）通过建立理论模型分析了发展中国家要进行模仿、发达国家专注于创新的原因。他们在模型中假定，技术模仿的成本会随着已经模仿的中间品种类数占中间品总的种类数的比重而增加。这样的假设是为了说明随着技术水平的提高，模仿的产品种类数越来越多，可模仿的产品种类数不断减少，模仿的难度就会越来越大。同时，他们采用了格申克龙后发优势理论中模仿比创新成本低的观点。模型理论分析的结果显示，南方国家模仿与北方国家创新的分工形式有利于世界经济的增长与收敛，南方国家赶超的成功与否取决于本国的学习能力。

一些学者通过实证研究指出，技术发展中国家所采用的引进外来技术和模仿对本国的技术进步产生了重要的作用。国际技术扩散正是这些发展中国家提升技术水平的重要途径（Fagerberg，1994；Jaanika Meriküll and Helen Poltimäe，2002；Eaton and Kortum，1999；Kortum，1997；Keller，1998；Shireen and Alazzawi，2012；等等）。

Coe 和 Helpman（1995）、Eaton 和 Kortum（1996）、Chiang 等（2005）对发达国家技术外溢的实证分析结果表明，模仿对发展中国家技术提升有重要作用。技术发达国家也不可能只依靠自身创新研发力量成为世界技术前沿国家。根据南北技术扩散模型，发展中国家通过引进和模仿发达国家的先进技术，就能够缩小与发达国家之间的经济和技术差距（Grossman and Helpman，1990；Coe and Helpman，1995；Helpman and Hoffmaister，1997；Barro and Sala-I-Martin，1997；Helpman and Coe，1994）。从发达国家与发展中国家的技术投入和技术产出来看，发达国家在技术创新方面更有优势。在创新能力上，发展中国家与发达国家差距较大，模仿是发展中国家快速提高技术水平、实现技术赶超的主要途径（Helpman，1993；Acs and Varga，2002；Glass and Saggi，2002；Chin and Grossman，1990；Deardorff，1992；Kahouli and Kadhraoui，2012）。

这些研究都沿用了南北技术扩散模型，在研究中都假定南方国家只进行模仿，由于缺乏创新能力，所以发展中国家技术进步应该靠模仿实现。而这与日本和韩国等国家的技术赶超现象并不相符，而且也与本书对日益活跃的新兴经济体的创新表现等经济事实的观察结果并不一致。这种技术进步的南北专业化方式中，技术落后国家不存在技术进步方式的选择问题，而是保持北方国家创新、南方国家模仿的格局。这样的假设可能基于这样一个事实：由于全球研发资源高度集中于几个发达国家，发达国家研究与开发的投入占到其国内生产总值的2%~3%，占世界研发总支出的96%。技术发展中国家与技术领先国家在技术水平和技术创新能力两方面都存在巨大差距。① 因此，对国外技术的吸收与模仿被认为是发展中国家实现技术进步的重要方式，发展中国家没有选择的余地，只能模仿。

二、技术进步方式的内生选择

（一）国外的研究现状述评

技术落后的国家很可能比先进国家拥有更大的发展潜力（Gerschenkron，1962）。Howitt（2000）指出，这种情况是存在的，原因是发展中国家在创造更新、更好的生产中拥有较低的有效成本优势。然而，技术发展中国家仅靠模仿是不能自发地实现较高的生产力水平的。一方面，引进的技术含有隐性知识，引进者需要花费时间和资源来掌握从其他发达国家引入的技术；另一方面，产品生产复杂性的不断增加要求在知识领域进行巨大的投资（Howitt，2005），如果工厂工人、技术工人、工程师以及管理者没有充足的训练，就不能适应新技术（Hobday，2003）。

OZ 和 Chou（1991）打破了传统的南北技术分工，将南方国家的创新能力纳入理论研究模型中，通过建立一个多种产品的两国理论模型，对发展中国家的赶超现象和存在的问题进行分析。对南方国家的创新能力进行分析，这是一个较大的理论突破，也与发展中国家创新投入和创新成果等创新活动不断增加的趋势相符。

Rachel 和 Elkan（1996）在开放经济条件下对不完全的研发专业化分工方式进行考察，建立了技术发展中国家的技术模仿和技术创新的一般均衡模型。在模型中，南方国家既有模仿，也有创新。他们在研究中强调：“经济发展中国家可以通过模仿和技术创新两条途径促进本国的技术进步。一个国家（尤其是技术相对落后的发展中国家）在从封闭的经济转变成开放经济的动态过程中，经济上落后的国家可以通过对技术领先国的技术模仿缩小与领先国家

① 世界银行数据库。

之间的技术差距，提升本国的技术水平。”他们的研究还提出，当技术水平有了一定的积累并实现了技术能力成熟之后，发展中国家的技术进步模式应该从技术模仿转向技术的自主创新。

David 和 Currie（1999）是较早对技术赶超的阶段理论进行研究的学者。他们的研究指出，发展中国家应该做出与本国所处的技术赶超阶段相符合的技术进步方式选择。他们将技术赶超分为三个阶段，分别是简单模仿、模仿、创新。他们的研究指出，发展中国家想要实现技术赶超，就要适时地改变技术进步的方式。技术进步所处的阶段受到与世界技术前沿距离、模仿的难易程度以及本国的人力资本水平的影响。David 和 Currie 研究的贡献在于将发展中国家的技术赶超的路径分为不同的阶段，同时指出了人力资本在技术赶超中的重要性。

Innwon 和 Soonchan（2008）批判了南北模型中缺乏对南方 R&D 的分析，他们认为传统的技术扩散模型不考虑南方国家的自主创新是不合理的。Madsen 和 Islam 等（2009）运用 55 个发展中国家和发达国家的数据，对技术转移、R&D 强度、受教育程度以及对外国技术的吸收能力进行测度，以此解释各国全要素生产率的差异。结果显示，在 OECD 国家，创新是影响全要素生产率增长的重要因素；而在发展中国家，全要素生产率的增长主要依赖模仿。他们的研究得出的结论与现实是基本相符的。的确，现阶段大多数的发展中国家还处于以技术模仿为主导的技术进步阶段，但是技术发展中国家的技术进步方式在模仿与创新之间是可以进行选择的，而以模仿为主导就是发展中国家的选择。

学者也注意到，传统的南方模仿北方创新的范式将南方国家采用模仿作为一个外生的条件是不完全符合实际情况的，实际情况是：①一些发展中国家在不断地引进和模仿技术发达国家的技术，但并没有得到技术上收敛的效果；相反，这些国家与技术发达国家的差距在不断地扩大。一些学者从南方国家的模仿能力（Chui and Levine，1999；Foellmi，2015）或者技术扩散的障碍（Kortecamp and william，1996；Baker，2005；Shikher，2014）方面对这一现象做出解释。②一些发展中国家在自主创新方面表现活跃。例如，中国作为世界上最大的发展中国家，有着良好的自主创新的表现，自2013年以来已经成为世界上专利申请量和授权量最多的国家，发明专利的申请数量已经超越美国，跃居世界首位。这些事实引起了国外学者对于南方国家创新的重视。①

（二）国内的研究现状述评

我国学者在2008年以后，开始较多地对南方国家（技术发展中国家）模仿与创新选择的内生决定方面的文献进行研究，而在2008年以前，关于二者之间选择的问题多是从微观方面采用博弈论的方法来分析的（彭纪生、刘春林，2003；陈抗、郁明华，2006；刘和东、石岿然，2007；张继磊、张凤武，2008）。相较而言，在宏观方面采用理论模型来进行说明的并不多。

傅强和杨秀苔（1999）构建了一个简单的动力学模型，对引进技术的消化、吸收以及技术创新的作用进行了动态分析，用理论模型分析的方法强调创新在实现技术赶超过程中的作用。他们的研究指出，技术发展中国家不但要进行技术模仿，而且要注意技术创新，还要强调创新的作用，但是如何在技术模仿和技术创新之间进行选择，他们并没有给出明确的结论。

易先忠和张亚斌（2008）假定熟练与非熟练两种异质型人力资本对于模仿与自主创新这两种技术进步模式具有不同的效应。他们将对国外技术的模仿与由研发衡量的自主创新纳入同一个理论模型中，对存在技术差距和人力资本约束的条件下发展中国家对技术进步模式的决定以及技术政策所能产生的效应进行分析。结果表明：对技术模仿和技术创新的选择取决于技术差距和两种人力资本的构成比例。一个国家与世界技术前沿的差距和本国的人力资本水平决定了发展中国家技术进步方式。当一国的技术差距与世界前沿距离较远时，应该选择模仿为主导的技术进步方式；当与世界前沿距离较近时，应该选择自主创新为主导的技术进步方式。与此同时，人力资本水平约束也会对技术进步模式的选择产生重要影响，表现在熟练人力资本与非熟练人力资本之间的比例，这个比例越高，就越偏向于创新；反之则偏向于模仿。

---

① 历年《中国科技统计年鉴》《中国统计年鉴》。

易先忠和张亚斌的分析说明，南北方的模型扩大会对南方的模仿与创新的比率产生影响。王洪光指出，南方国家对创新的政策补贴并不会对南方技术进步速度产生太大的影响，只会提高南方工人的工资。生延超（2008）从技术能力与资源禀赋方面进行研究，认为技术能力与资源禀赋是相互影响的，技术能力的高低决定了发展中国家应该采用什么样的技术赶超方式。技术能力低时选择模仿，技术能力高时选择创新。叶静怡和李晨乐（2010）在新增长的框架内对发展中国家通过技术模仿实现技术赶超的最优路径进行分析，认为发展中国家只要采用相适应的知识产权保护水平，就可以通过模仿实现技术赶超。

易先忠（2010）将技术差距与自主创新纳入一个扩展的 R&D 增长模型中，以此来说明技术进步的主导模式是如何内生决定的；同时，还说明了技术差距在后发优势的发挥中存在“双面性”。技术差距与技术进步间存在倒“U”形关系，根据技术差距选择适宜的技术进步方式有利于发展中国家的技术赶超。在有关知识产权保护的研究中，有学者认为知识产权的强弱对于技术进步模式的选择也是有影响的。张亚斌和易先忠等（2006，2007）从知识产权等政策方面讨论了知识产权的强弱对发展中国家的技术进步模式的影响。他们的研究认为，弱的知识产权政策有利于模仿，而强的知识产权政策会增加模仿的难度和成本，从而会促进发展中国家的技术自主创新。

傅晓霞和吴利学（2013）从技术发展中国家的角度建立了内生增长模型，对中国的经济增长问题进行研究。在他们的模型中，发展中国家的技术进步是由模仿与创新两方面共同作用的结果。模仿与创新通过促进技术进步从而影响中国的经济增长。刘任重（2013）从经济进化理论的视角对技术进步方式的演化进行分析。他深入地分析了技术进步方式从模仿到自主创新的进化机理，从而验证了在当今的世界政治经济格局下中国选择自主创新道路的正确性和必然性。

国内这方面的研究在近年间有了快速发展，已经打破了传统的南北方式专业化的研究方式，形成了很多的研究成果，为发展中国家特别是像我国这样的发展中国家的自主创新活动提供了理论支持和现实指导。在国内，自主创新的重要性已经得到较为一致的认同，进入21世纪后，我国将自主创新的道路作为重大的长期战略，这是中国政府和人民在坚持社会主义道路上探索出的正确的决策。

然而，我们也要正确认识我国的资源禀赋情况，不能全盘否定南北方式理论，不能将自主创新与技术引进、技术模仿对立起来，因为这二者是相辅相成的。前者能增加我国的技术知识储备，为自主创新提供良好的基础；而自主创新又能更好地提升我们对引进技术的消化和吸收。这是一个阶段性的问题，当发展中国家在模仿中已经具备了相应的知识储备时，那么，按照技术赶超阶段论的思想，以模仿为主导的技术进步模式就要向自主创新为主导的模式转型。

三、技术进步方式转型问题的研究现状与述评

Arnold（2003）首次对发展中国家技术进步模式从模仿到创新的转型问题做出了系统分析。在他的模型中，决定技术进步方式由模仿向创新转型的因素是发展中国家的技术水平和技术进步速度。通过分析，他指出了发展中国家应该实现技术转型的时点。这个时点是技术水平和技术进步速度达到的两个临界值，达到临界值点就应该转型。

他的研究具有重要的现实意义，类似于钱纳里对于经济增长的标准结构的研究方法，为发展中国家由模仿向创新的转型提供了定量的指导。但是，与世界技术前沿的技术差距、资源禀赋、研发资源约束、政策制度等影响技术进步模式的其他因素没有被纳入模型中，因此，降低了对发展中国家技术进步模式转型的解释力与指导意义。

张景安（2003）提出了发展中国家的技术进步方式由模仿向创新转型的战略。他在研究中指出，要实现这一战略，就要根据本国的实际技术情况，有针对性地引进技术。这一观点与技术选择中的适宜技术观点相似，适宜技术观点也认为，要根据本国的实际情况引进适合本国或本地区技术现状的技术，这样才能做好对引进技术的消化、吸收与转化以及与本地技术的融合。他的研究提出了发展中国家技术赶超要由模仿向创新实现战略性转型的观点。

其研究充分肯定了模仿对于自主创新的作用，并且指出了相应的实现转型的方法。

在模型中，蔡立雄和何炼成（2006）将创新与模仿当作两种商品，构建了一个两商品的技术进步模型。他们在分析后指出，一国在不同的发展阶段对于模仿与创新的偏好是不同的，落后时偏好模仿，发展时则偏好创新。

易先忠（2008）从技术差距、资源禀赋、研发资源约束、政策制度等国家宏观经济要素层面分析了发展中国家由模仿向创新转型的问题。他在研究中分别分析了技术差距、人力资本、研发资源约束、知识产权保护和政策制度等因素对发展中国家技术进步方式转型的影响。他的研究将由模仿向创新的转型作为研究的对象，系统地分析了相关因素对转型的影响。这些都是对技术赶超阶段理论的丰富和完善，但他也认为，这种转型是一个连续渐变的过程。本书的研究认为，这个过程是不连续的。这些影响因素的渐变不一定能实现由模仿向创新的转型。

魏枫（2009）认为，模仿与创新是中国经济增长的动力。在模仿阶段，低成本优势的发挥有利于经济的增长。在经济增长的初始阶段，许多发展中国家都会采用扭曲市场的要素价格、提高工业制成品的价格等方法发挥低成本的优势。魏枫将这一阶段经济增长的原因归于充分利用模仿实现低价工业化。他指出，低价工业化不是经济增长的持续动力，不能一直推动经济增长。当模仿对于经济增长的作用不再显著时，就应该向创新转型。在新的经济增长阶段里，应该通过创新来推动经济增长。

虽然对技术进步模式转型问题的研究已经有了不少成果，但是，研究还有进一步深化的必要。对于技术进步方式的转型问题进行深入研究，不仅可以丰富和充实技术赶超理论，同时也能为中国、印度等发展中国家的技术赶超提供理论支持。

第二章　技术转型的理论机制：从模仿到创新

发展中国家可以通过模仿或创新来实现技术进步。按照技术赶超阶段理论，发展中国家在技术赶超的过程中先模仿再创新，那么，从模仿向创新的转型是技术赶超的路径中必然要经历的阶段。这个转型的阶段能够顺利完成吗？在这个转型阶段，哪些因素会对这一过程产生影响？本章的理论分析能够回答这两个问题。

第一节　模仿与创新对于技术进步的作用

本书按照内生增长理论和南北技术扩散范式中的方法，将模仿与创新看作技术赶超国家技术进步的两种基本模式。模仿指的是本国利用国外的技术，包括国际技术扩散，对国外技术的引进、消化、吸收与转化等。① 创新指的是技术发展中国家不依赖国外技术的引进，而是通过自身的努力攻克技术难关，实现生产技术上的突破的活动，其含义与熊彼特对创新的定义基本相同。本书中将“创新”与“自主创新”，“对外模仿”“技术模仿”与“模仿”作为相同概念的词并行使用。

① 对模仿的定义与后发优势理论和国际技术扩散理论中对于模仿的定义相似。从本质上讲就是发展中国家利用技术上的后发优势促进本国技术进步，包括技术引进、消化、吸收，但是不包括以非法的手段获得技术。模仿的目的是提高本国的技术水平，只是为了扩大生产规模而进行的设备和技术的引进不包括在内。

内生经济增长理论中，模仿与创新对技术进步都起到重要的作用，从生产可能性曲线上来理解模仿与创新的作用，创新能推动整个生产可能性曲线向右移动，扩大了生产可能性边界；而模仿则是处于生产可能性边界内的点向生产可能性边界靠拢。可以说，这两种都是不可缺少的技术进步手段，因为没有一个国家（地区）在所有的生产行业或者任一种产品上的生产技术都走在技术前沿，所以说，每一个国家（地区）都可以用这两种模式来推动本国（地区）的技术进步，只不过是表现的主导形式不同。技术发达国家可能有更多的技术处于世界技术前沿，而发展中国家的大多数技术处于生产可能性边界以内。两类国家在技术上的表现为：发达国家技术模仿的空间少，技术进步更多的是依靠创新获得，创新是技术进步的主导模式；发展中国家技术模仿的空间大，技术进步更多的是依靠模仿获得，模仿是技术进步的主导模式。

一、模仿的途径和对技术进步的作用

模仿是多数发展中国家主要的技术进步手段，因为发展中国家几乎不拥有任何世界前沿技术，它们没有显著的新技术来推动世界前沿技术的进步，世界上的先进技术绝大多数仍然掌握在 OECD 国家手中（Coe and Helpman，1997；Gatignon and Robertson，1989）。

Pack 和 Westphal（1986）指出："发展中国家不进行商业性的 R&D 活动，它们的经济增长看似与创新没有关系，也没有独创性的重大发现，但是这些国家的工业化过程中却实实在在出现了大规模的技术变化。可以肯定的是，多数的技术变革是对外国技术的模仿和采用。"

技术模仿①的途径有多种，包括国际贸易、外商直接投资、引进技术设备、购买专利许可证，或通过技术合同引进发达国家的技术人才等。国际贸易成为国际技术扩散的一个重要途径。传统的国际贸易理论认为，发达国家主要生产资本密集、技术密集、人力资本密集的产品；发展中国家则是生产

① 这里强调技术模仿是要区别于有些文献中会提到的制度模仿等。本书主要是从技术的角度来研究模仿，所以在此指出书中所有的模仿均指的是技术方面的模仿，不涉及制度方面。

初级与劳动密集型产品，所以，在国际贸易中发达国家的技术就会向发展中国家进行扩散。按照产品周期理论，北方国家先创新，然后将产品出口到南方国家，南方国家通过模仿掌握了这种技术后，通过自身的低成本优势扩大生产规模抢占市场，直到北方国家完成下一次创新后，新的产品周期再次出现。这些都说明南方国家的技术进步更多的是通过南北贸易和模仿获得的。

外商直接投资（FDI）也是一种重要的国际技术溢出形式，发展中国家可以通过 FDI 获得模仿国外技术的机会。关于 FDI 对东道国技术进步的影响，虽然还存在着一定的争论①，但是在 FDI 对于东道国技术进步作用的实证分析中可以看到很多作用显著的实例，中国、印度等国家将引进外商投资作为重要的经济发展策略，就说明了 FDI 对于这些国家技术模仿是有着正向作用的。引进国外的技术设备，可以通过逆向工程等手段掌握内化到机器设备中的技术；购买专利或者专利生产许可证、签订技术引进合同都是直接向国外购买技术的方法。随着世界经济的发展与国际技术转让、技术购买和技术合作活动的增加，国际技术人才的流动也越来越频繁。这些都给发展中国家的模仿活动提供了好的机会，促进了它们的技术进步。

我们可以从国际和国内两个层面来分析模仿对技术进步的推动作用。一个层次是国际模仿可以使发展中国家学到发达国家的先进技术，提升本国的技术水平；另一个层次就是国内的技术先进企业的技术也可能被其他的生产厂家所模仿，从而提高整个国家的技术总量水平。模仿获得技术比创新的成本更低（Mansfield，1981），所以，处于世界技术前沿的国家就存在着模仿套利的空间，因此，发展中国家通过模仿能够获得比发达国家更快的技术进步速度。同时，国内的企业也可以通过模仿技术先进企业的技术来迅速提高自身的技术水平，这样的模仿活动也能提高国家的技术总量水平。

二、创新的途径和对技术进步的作用

创新是推动技术前沿向右推移的主要方式，创新对技术进步的推动作用

---

① 有学者认为，FDI 为东道国的技术模仿提供好的机会，有利于东道国的技术进步；也有学者认为，FDI 会对本土企业产生挤出效应和抑制，不利于东道国的技术进步。

非常明显。尽管技术发达国家处于世界技术前沿，但是仍然会不断进行创新，也因此获得了更高的 R&D 活动强度。不仅国家之间的 R&D 活动强度存在差异，世界经济各行业的研究经费支出也大不相同。Grossman 和 Helpman（1993）指出，在 OECD 国家的各产业的研究支出中，电气产品、航空、化学与药学、电子机械这几个行业占研究支出总量的 75%。

在研究机构之外，有意识的创新活动也很多见。企业会采用多种方法提高生产效率，企业管理者通过试错法不断地调整生产流程，通过干中学实现生产效率的提高。日本企业实施的质量控制周期，通过工人定期集会商讨技术改进问题及高效率生产的方法，这些都可以看作创新活动（乔本寿朗，1999）。因此，创新的形式是多样的，除了科研机构之外还存在着别的创新途径，这些都值得发展中国家推进本国创新时借鉴。

"技术创新"与"自主创新"两个概念之间存在一定的区别。技术创新既可以发生在发达国家，也可以发生在发展中国家。发展中国家可以通过模仿获得技术进步，部分学者将这样的进步视为模仿创新。为了与这种模仿创新区别开来，本书将发展中国家的技术创新活动称为自主创新。

首次将技术创新作为一种经济理论进行系统说明和研究的是 Schumpeter（1912）。他第一次提出了"技术创新"这个概念并将其定义为"在一定条件下，生产中的投入要素以一种新的方式进行组合。企业将这种新的组合应用于生产中会得到利润，甚至是超额的利润"。后来，Schumpeter（1935）进一步指出，创新是生产函数的变动。将新的生产函数引入经济系统中，生产可能性曲线会向外扩展，成本曲线也会发生改变。经济发生变革的主要原因是技术创新在起作用。

在 Schumpeter 技术创新理论之后，学者对技术创新的概念和内涵继续进行研究。学者根据不同的方法对技术创新进行划分：从经济效益与技术成果作用的角度，将技术创新分为重大创新、次要创新、改进型创新；从技术在整个产品生产线中的作用角度，将技术创新分为产品创新、过程创新；从产品创新的内容角度，分为增加型产品创新与基础性产品创新；从技术的级别角度，将技术创新分为高技术创新与低技术创新；按照创新的表现形式，分为产品增加型技术创新与质量提升型技术创新。Stocks（1999）在研究中指出，基础研究、科技政策与科技体制对技术有重要的影响。在他的研究基础上，日本学者（乔本寿朗，2001；山崎正胜，2002）认为，以日本政府为主导的技术创新活动是战后日本经济快速恢复并实现快速增长的主要原因，在技术创新中，政府根据其国内外的经济环境制定适合本国发展的科技规划与科技政策是十分必要的。

自主创新是困难的，要在具备了一定的必要条件时才会发生。首先，自主创新需要有一定的知识储备，因为很多新技术都是在已有技术上进一步推进或者完善而得到的。现在的技术进步体现得更加明显，特别是在电子产业和信息产业。其次，自主创新要有相应的研究开发的投入，因为在创新活动中需要购买相应的试验设备，支付研发人员的报酬，承担相应的失败风险。再次，自主创新要有足够的人力资本，创新活动需要更多的高素质人力资本，低素质人力资本在创新活动中的作用不显著。人力资本的形成是一个长期的过程，它与国家的经济发展阶段、产业结构以及人力资源政策有着密切的关联。最后，自主创新要有一个良好的创新环境，要能够降低创新的成本。良好的环境体现在国家政策支持、良好的国家和企业创新体系以及国家创新体系的构建等。

三、创新和模仿的关系

模仿与创新相辅相成，因为没有一个国家能够在所有的经济行业中都位于世界前沿，所以发达国家也会通过模仿来获得技术进步的空间；发展中国家想要某些行业的技术达到世界技术前沿，不仅可以通过模仿也可以通过创新来实现。国家之间的技术模仿可以提高一国的技术水平，而国内的模仿可以提高本国的整体技术实力，这些都为创新提供了必要条件。当一国的技术水平接近世界技术前沿时，模仿难度增加，模仿成本也会上升，但由于有了较好的技术储备，所以创新的条件会比较成熟。所以，在考虑国家技术进步时，不能将模仿与创新两者放在严格对立的位置上。

对于发展中国家来说，当技术模仿达到一定程度，就要增加创新，以此更好地推动技术进步。在技术赶超的不同阶段，模仿与创新两者对技术赶超国家技术进步的作用并不完全相同。当技术差距较大时，模仿的作用更加明显；当技术差距较小时，创新的作用会更加显著。

第二节　技术赶超中模仿与创新推动技术进步的理论机制

本章基于罗默的三部门经济增长模型，建立发展中国家技术赶超模型来研究技术模仿与创新推动技术赶超的理论机制。发展中国家只能通过模仿来推动技术赶超，然后再将创新引入赶超模型。将创新引入模型后，技术赶超的过程中就有两种推动技术进步的形式。这两种推动技术进步形式对技术赶超的作用如何？对技术赶超的路径会产生怎样的影响？这正是本章要分析和试图解决的问题。

一、模仿推动技术进步的理论机制

理论假定：①处于中等收入的国家获得技术进步，主要有模仿与创新两种方式。②厂商按照利润最大化原则，选择模仿与创新两种方式来推动企业技术进步。③经济系统由完全竞争的最终品生产部门、存在垄断的中间产品生产部门、竞争性的研发部门三者组成。

（一）最终品生产部门生产函数

$$Y = \sum_{j=1}^{n} L^{\alpha} x_j^{1-\alpha} = L^{\alpha}\int_{0}^{n} x_j^{1-\alpha}\,\mathrm{d}j \tag{2-1}$$

式（2-1）中，Y表示总的产出；x_j、n与L分别表示中间产品j的需求、中间产品的种类数与劳动力。等式右边的两项表示生产函数具有可加可分性，中间产品是对称的。由于劳动力在一定的时期内变量不显著，所以它就是一个常数。出于计算方便，将劳动力数量设为1，那么，生产函数的形式可以写为

$$Y = \sum_{j=1}^{n} x_j^{1-\alpha} = \int_0^n x_j^{1-\alpha} \mathrm{d}j = nx^{1-\alpha} \tag{2-2}$$

在完全竞争的市场处于均衡时，要素的边际产品与产品价格的乘积正好等于要素的价格。这里，p_Y 和 p_j 分别表示最终产品和第 j 种中间产品的价格。

$$p_Y \frac{\alpha Y}{\alpha x_j} = p_Y(1-\alpha)x_j^{-\alpha} = p_j \tag{2-3}$$

对式（2-3）进行变形，就可以得到对第 j 种中间产品的需求。

$$x_j = \left(\frac{p_Y(1-\alpha)}{p_j}\right)^{1/\alpha} \tag{2-4}$$

（二）中间产品生产商

中间产品生产商的生产决策是利润最大化。p_x、R 和 K 分别表示第 x 种中间产品的价格、资本的融资成本和投入中间产品生产中的资本总额。

$$\max_x \left(p_x x - \frac{RK}{n} x\right) \tag{2-5}$$

将式（2-4）中对中间产品的需求代入式（2-5），并对目标函数求导数。根据导数等于 0 就可以得到最大化利润要满足的一阶条件。由此可以得到中间产品 x 的垄断价格是

$$p_x = \frac{RK/n}{1-\alpha} \tag{2-6}$$

将这一价格代入式（2-3）得到中间产品 x 的需求量和中间产品生产商的利润水平分别为式（2-7）和式（2-8）

$$x = (1-\alpha)^{2/\alpha}(RK)^{-1/\alpha} p_Y^{1/\alpha} n^{1/\alpha} \tag{2-7}$$

$$\pi = p_x x - \frac{RK}{n} x = \alpha(1-\alpha)^{2-\alpha/\alpha} p_Y^{1/\alpha} (RK)^{(\alpha-1)/\alpha} n^{(1-\alpha)/\alpha} \tag{2-8}$$

为了分析方便，将中间产品生产商未来收益通过贴现的形式折算成现值。折算的方法为

$$V_t = \int_t^{+\infty} e^{R_t - R_\tau} \pi_t d_t \tag{2-9}$$

（三）研发（R&D）部门

模仿和自主创新是发展中国家经济中研发（R&D）实现技术进步可以选

择的两种方式。模仿主要途径有技术引进、技术人才的引进、机器设备的购买等。自主创新主要依靠研发投资与高人力资本的投入。① 如果研发（R&D）部门只采用模仿的方式取得技术进步，可以假定，技术投入与产出是按照一定的比例进行的。这里假定这一比例为 1∶（$1/a$），即一单位的技术资本投入，可以得到 $1/a$ 单位的技术产出。如果研发（R&D）部门采用自主研发取得技术进步，则需要的技术投入由两个部分组成：技术资本和高人力资本。假定 b 个单位的技术资本与 h 个单位的高人力资本联合投入，可以获得 1 个新的中间产品种数。发展中国家的研发（R&D）部门如何在两种获得技术的方法中抉择，就要看哪种方式能带来更大的收益。

先假定发展中国家的研发（R&D）部门只通过模仿获得技术。一项新技术的价值可以通过市场来衡量，那么，只要有相应的技术投入和资本，就可以用来引进这项技术。如果要引进一项市场价值为 V 的技术，需要的技术资本投入为 Q，那么，可以得到中间产品的种类数会增加 $\dot{n}=Q/a$，企业增加的价值为 VQ/a。为了获得 $\dot{n}=Q/a$ 的技术进步，企业需要付出的成本为 RQ。有了厂商的研发部门在技术投入方面的成本收益情况，就可以证明厂商技术模仿产生的必要条件是模仿的收益要大于成本。当模仿的收益大于成本时，$VQ/a>RQ$。若令 $\underline{V}=aR$，那么，V 大于 $\underline{V}$ 模仿才会出现；否则，在模仿的利润为负的情况下，厂商不会引进技术。

如果厂商只通过自主创新来获得技术进步，那么，对于一个市场衡量的价值为 V 的技术，需要的技术资本投入数量仍然为 Q，高人力资本的投放量为 H，技术储备量为 n。这样的假定表明自主创新与模仿的难度不同。两者的不同体现在，创新不仅需要资本和技术投入，还需要有高人力资本的投入及达到一定的技术储备 n。由此可以得到中间产品的增加量 $\dot{n}=nQH/b$，企业增加的价格为 $VnHQ/b$，企业付出的成本为 $RQ+wH$。

设 $\bar{V}=\dfrac{b(RQ+wH)}{nHQ}$，根据收益与成本的分析，只有当技术的市场价值大于

① Spiegel、Benhabib 与 Young 等所做实证研究表明高质量的人力资本对于自主创新作用更加显著，Aghion 与 Vandenbussche 的研究也认为创新需要异质性的人力资本，因此，在这里创新的投入中要加入人力资本。

$\bar{V}$时，创新才会有正的利润，这是实现创新的必要条件。如果厂商的利润为正，此时不管是选择模仿还是创新，都会有正的利润。那么，厂商就会比较这两种技术进步的方式下哪一种利润更大。在 $VnHQ/b>VQ/a$ 时创新，反之则模仿。如果令 $\hat{n}=\frac{b}{aH}$，可以通过比较 n 与 $\hat{n}$ 的大小在模仿与创新之间选择（见表 2-1）。

表 2-1　厂商选择与中间品种数变化率

条件	$n<\hat{n}$		$n>\hat{n}$	
	$V>\underline{V}$	$V<\underline{V}$	$V>\bar{V}$	$V<\bar{V}$
中间品厂商的选择	模仿	不模仿也不研发创新	自主创新	不模仿也不研发创新
中间品种类数变动率	大于 0	小于或等于 0	大于 0	小于或等于 0

（四）产品市场和资本市场均衡

市场均衡要求总产出等于消费、中间品投资与技术投资之和。用 s 表示储蓄率，则技术投资之和 $=s\times$总产出$-$中间品投资。其中，中间品投资为 K。当产品市场的产出水平等于消费与投资之和时，产品市场达到均衡。假定储蓄率是固定外生的，为 s，投资存在两个方向：一个是中间产品的投资，另一个是技术投资。根据生产函数，可以得到总产出水平 $Y=nx^{1-\alpha}$，总产出 = 消费+中间品投资+技术投资。

当资本市场达到均衡时，一单位的资本无论是投入中间品生产还是用于技术投资，预期收益都相同。研发（R&D）部门的风险是中性的。资本市场均衡时，企业价值变动与投资利润间的关系用下式表示

$$\dot{V}+\pi=rV\Rightarrow\dot{V}=rV-\pi \tag{2-10}$$

如果发展中国家的厂商只通过模仿一种方式获得技术，在考虑技术折旧的情况下，如果用中间产品的种类来表示技术水平，那么，可以将技术的变动率用以下的动态方程表示

$$\begin{cases}\dot{n}=\dfrac{snx^{1-\alpha}-K}{a}=\dfrac{1}{a}\left[(1-\alpha)^{2(1-\alpha)/\alpha}(RK)^{(\alpha-1)/\alpha}n^{1/\alpha}-K\right], & V>\underline{V}\\ \dot{n}\leqslant 0, & V<\underline{V}\end{cases} \tag{2-11}$$

根据资本市场达到均衡时的式（2-7），将式（2-8）中的利润代入，可得到企业价值变动的方程

$$\dot{V} = rV - \pi = rV - \alpha(1-\alpha)^{2-\alpha/\alpha} p_Y^{1/\alpha}(RK)^{(\alpha-1)/\alpha} n^{(1-\alpha)/\alpha} \qquad (2-12)$$

式（2-11）与式（2-12）是动态方程所构成的动力系统，体现了技术进步率与企业价值变化的内在动态关系。将 V 与 n 分别作为图形的纵轴和横轴，V 的变动是企业价值的变动，代表着经济增长，n 的变动是中间产品种类数的变动，代表着技术进步。将动态方程用图 2-1 表示如下。

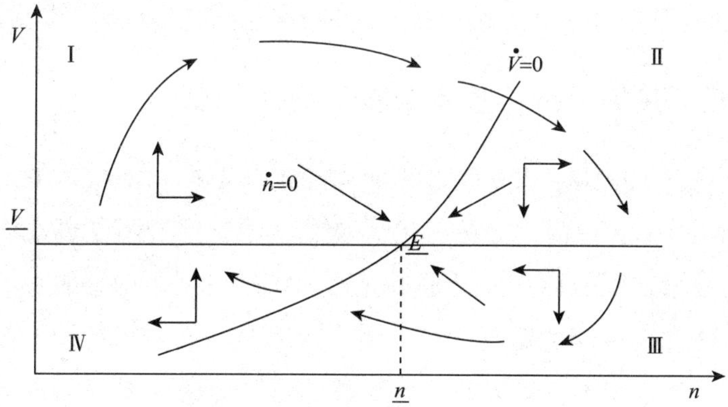

图 2-1　模仿时的技术进步相位图

图 2-1 中，$\dot{n}=0$ 和 $\dot{V}=0$ 两条线相交将图形分成四个区域，在 $\dot{n}=0$ 以上的区域，中间产品种类数增加；在 $\dot{n}=0$ 以下的区域，中间产品种类数减少。在 $\dot{V}=0$ 以上的区域，企业的价值增加；在 $\dot{V}=0$ 以下的区域，企业价值减少。在Ⅰ区域内，中间产品种类数与企业价值都增加。在Ⅱ区域内，中间产品种类数增加但企业价值下降。在Ⅱ区域内，企业中间产品生产规模扩大的收益超过种类数增加的收益。此时，为了维持利润，中间产品厂商会减少对技术的投资，加大对中间品生产规模扩大的投资，经济向均衡点移动。Ⅲ区域与Ⅳ区域是中等收入国家的企业在资本约束下，按照利润最大化的要求对中间产品生产规模与种类数增加间的两难问题折中处理的结果。

图 2-1 体现了企业价值变动与技术变化率两个动力方程间的相位关系。

通过分析相位关系不难看出，发展中国家只采用模仿方式来获得技术时，技术进步与经济增长的路径会向一个中心收敛。这个中心收敛就像涡流一样收敛于中心一点 $\underline{E}$。如图 2-1 所示，该点的坐标为 $\underline{E}$（$\underline{n}$，$\underline{V}$）。

在 $\underline{E}$ 点，技术进步和经济增长达到了均衡。均衡点的技术水平和经济增长水平反映了只采用模仿获得技术时，发展中国家的经济与技术会渐渐地向均衡处的水平收敛。造成这种收敛的原因就是在利润的驱使下，厂商会选择调整模仿技术的数量。正是厂商的这种选择，形成了图中的收敛点。在这里，根据均衡点处技术获得的方式将 $\underline{E}$ 点称为模仿均衡点。下文将会将发展中国家技术获得的另一种创新方式纳入模型进行分析，以此来构成技术赶超的完整路径。

二、模仿并创新推动技术进步的理论机制

首先，将发展中国家厂商的另一种技术获得方式（创新）纳入模型中进行分析。国际技术扩散的主导趋势仍然是发达国家通过不断创新来占据世界技术前沿，技术转移的形式主要是由发达国家向发展中国家转移。但是，一些新兴经济体在通过模仿提高了技术水平后，开始向创新转型。通过加大研发投入、提高人力资本积累以及采取积极的支持政策等来提高本国的创新水平。新兴经济体中，印度、巴西和中国等都加大了创新的力度。特别是中国在创新方面的投入不断增加，科学家与科技工作者的人数和占总人口的比重都在增大。相应地，创新成果也很显著。近年来，中国在几个领域的技术水平已经达到了世界技术前沿。高新技术产品的出口总值和占出口制造业的比重均不断增长。国内的专利申请和授权数量达到世界领先水平，尤其是发明专利申请数量已经是世界第一的水平，而且这一增长的趋势还在继续。图 2-2 是中国专利情况。

将创新纳入模型后，厂商在利润为正时选择模仿或者创新，要取决于已经达到的技术水平 $\hat{n}$。当技术水平超过 $\hat{n}$ 时，创新的利润大于模仿。这一结论与已有的研究文献中提出的技术差距大小与模仿和创新对技术进步的作用一致。技术差距大时，模仿对技术进步的作用大于创新；技术差距小时，创新的作用大于模仿。纳入创新后，技术进步率可以用两个动态方程来表示。

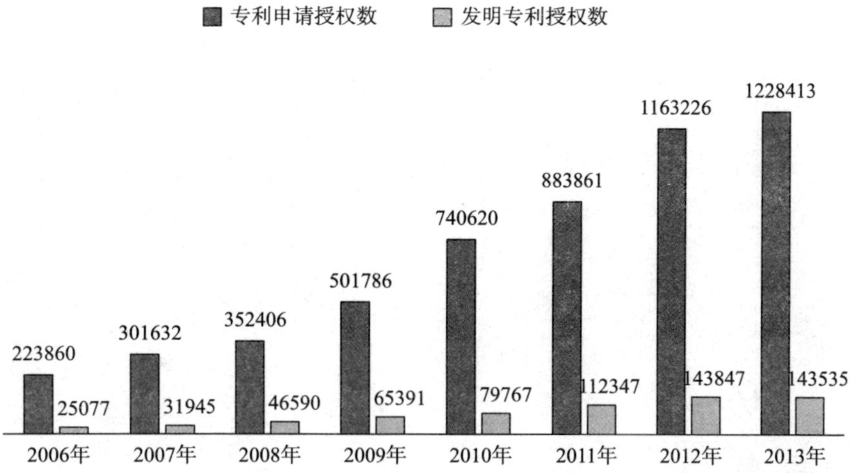

图 2-2　国内专利申请授权数

①若 $n<\hat{n}$

$$\begin{cases} \dot{n} = \dfrac{snx^{1-\alpha} - K}{\alpha} = \dfrac{1}{\alpha}[(1-\alpha)^{2(1-\alpha)/\alpha}(RK)^{(\alpha-1)/\alpha}n^{1/\alpha} - K], V > \underline{V} \\ \dot{n} \leqslant 0, \qquad V < \underline{V} \end{cases} \tag{2-13}$$

②若 $n>\hat{n}$

$$\begin{cases} \dot{n} = \dfrac{snx^{1-\alpha} - K}{\alpha} = \dfrac{nH}{b}[(1-\alpha)^{2(1-\alpha)/\alpha}(RK)^{(\alpha-1)/\alpha}n^{1/\alpha} - K], V > \underline{V} \\ \dot{n} \leqslant 0, \qquad V < \underline{V} \end{cases} \tag{2-14}$$

式（2-12）、式（2-13）、式（2-14）三个动态方程一起所表示的企业价值变化和技术进步变化是对发展中国家技术赶超路径的完整刻画。同样，用纵轴表示企业价值增加，代表着经济增长；横轴表示中间产品种类数，代表着技术进步。如图 2-3 所示，三个动态方程所形成的变化图将整个技术赶超的路径表示出来。

（1）在图 2-3 中，图 2-1 所表示的模仿均衡点仍然存在，而且收敛于这

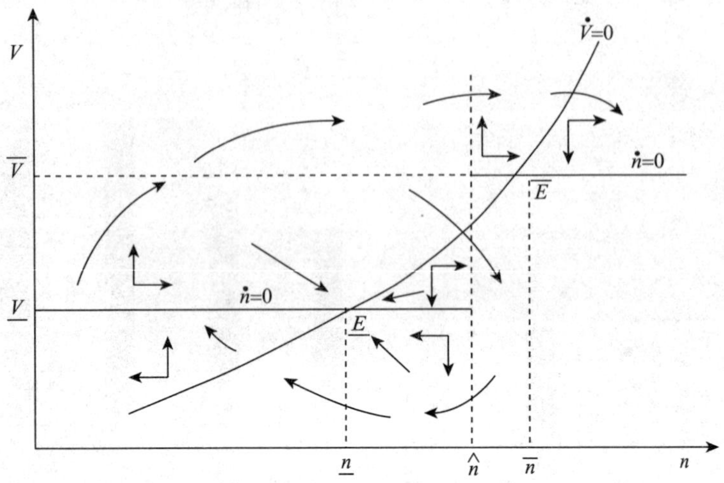

图 2-3　模仿与创新时的技术进步相位图

一中心点的趋势仍然没有变。而在模仿均衡点的右侧出现了一个新的收敛中心，这个涡流形的收敛中心正是图 2-3 中点 $\bar{E}$ 处。在 $\bar{E}$ 附近，技术进步与经济增长有着和模仿均衡点 $\underline{E}$ 点处类似的收敛情况。在 $\bar{E}$ 对应的横纵坐标里，($\bar{n}$，$\bar{V}$) 表示在这个均衡点处的技术水平与经济增长水平。从图 2-3 可以看出，这个均衡点所代表的技术水平和经济增长水平比模仿均衡点更高。在这个均衡点附近，获得技术的方式是创新，这个均衡点被称为“创新均衡点”。由两个均衡点所代表的技术与经济水平可以做出这样的推断：创新均衡点是发达国家所处的技术与经济发展的路径，那么，模仿均衡点附近就是发展中国家技术与经济发展的路径。各个国家的发展轨迹可能不尽相同，但是它们的发展轨迹是在以这两个均衡点为核心的路径上运行。两个均衡点之间的区域正是由模仿向创新转型的区域。从图 2-3 中的相位关系可以发现，两个均衡点之间由左向右上的区域里，正是发展中国家技术赶超中模仿向创新转型阶段，这一阶段里模仿均衡点控制的区域面积更大，所以更多技术发展轨迹会收敛于模仿均衡点。

命题 2. 1：发展中国家技术赶超的路径上存在两个均衡点，要实现对发达国家的技术赶超，就要成功越过模仿均衡点，达到创新均衡点。

（2）从图 2-3 可以看出，当两个均衡点之间的距离较远时，在技术转型的区域里，更多的区域是向模仿均衡点呈中心收敛状的。处于这一区域的发展中国家，只有不断提高技术水平和经济增长水平，才能顺利实现向创新均衡的收敛。然而，仅仅依靠经济系统自身的发展，发展中国家更多的技术路径会收敛于模仿均衡点。收敛于模仿均衡点的结果就是长期以来技术进步和经济增长速度停滞，甚至会出现倒退。这种现象被称为“模仿陷阱”①。两个均衡点之间的距离与高人力资本的数量和价格、技术差距、技术投资都有关系。技术赶超的路径在两个均衡点附近时，对于高人力资本、技术储备水平、技术投资等的要求并不相同。在两个均衡点附近时，这些要素对技术进步的作用也不相同。

命题 2. 2：由于两个均衡点对要素禀赋的要求不同，技术水平收敛于模仿均衡的经济体要实现技术赶超达到创新均衡点是相当困难的，技术赶超的国家能成功实现技术进步模式由模仿向创新的转型，才能从前一个均衡跳跃到后一个均衡，实现技术赶超。

三、模仿向创新转型的理论分析

本章通过拓展三部门内生增长模型，将模仿与创新的决策问题引入发展中国家技术赶超的理论模型中进行分析。分析结果显示，在由世界各国的技术水平组成的技术轨迹中，存在着两个均衡点。技术发达国家以创新为主要的技术进步模式，处于第二个均衡点，是一个较高技术与较高价值（中间产品价值）的均衡点；而技术发展中国家以模仿为主要的技术进步模式，处于第一个均衡点，是一个较低技术与较低中间产品价值的均衡点。处于第一个均衡点的发展中国家通过模仿和干中学等方式，将技术提高到一定的水平，并处于世界技术水平的中等位置，此时，想要进一步提高自身的技术至第二个均衡点，就需要改变技术进步的方式，因为处于第二个均衡点的国家是以创新为主要的技术进步模式。

---

① “模仿陷阱”指的是在技术赶超中技术水平收敛于模仿均衡后无法达到创新均衡。模仿作为技术进步的主导模式，技术水平的增长缓慢，停滞甚至是倒退。

这两个均衡点之间的跃迁要求技术赶超国家实现技术进步模式的转型，这种转型是困难的，因为新的技术进步模式对于要素结构和资源禀赋需求会有所不同。例如，在人力资本方面，创新需要有更多的高人力资本，而人力资本的存储是一个长期的过程；在 R&D 活动方面，创新需要更多的 R&D 方面的支出；在创新环境方面，创新需要一个良好的创新环境，从国家层面上看需要构建一个好的国家创新体系。所以，技术进步模式的转型需要改变的要素很多，需要增加的技术要素也很多。根据世界经济发展的经验，模仿向创新转型的难度之大，会让很多技术赶超国家在此受挫，所以把处于这两个均衡点中间阶段的国家在此发生的技术赶超失败称为陷入“模仿陷阱”。

由模型可以看出，人力资本和技术差距在一个经济体由模仿与低技术水平均衡向创新与高技术水平均衡过渡的过程中起着重要的作用。然而，在实际的经济发展中，人力资本的作用并不只体现在创新活动中。实际情况是，发展中国家在技术模仿时既使用低人力资本，也使用高人力资本；而在创新活动中，既会使用高人力资本，同时也会使用低人力资本。根据新增长理论中的知识生产理论，R&D 支出对创新有重要的影响，这对于技术领先国家来说是不容置疑的，它们正是通过大量的研究开发支出来推动技术水平的不断上升的。然而，发展中国家也有研发支出，虽然支出在 GDP 中的比重并不高，但是这也反映了发展中国家在创新中的努力。

发展中国家的研究开发支出有一部分是在创新方面，而另一部分会支出在模仿上，通过对技术的引进和吸收来提升本国的技术水平。这些都表明，同一种要素在创新中的作用可能与在模仿中的作用并不相同。例如，创新时，高人力资本对技术进步的作用比低人力资本更加显著；R&D 支出的水平在创新时有比模仿时更高的要求。所以，能影响中间品生产厂商利润的因素都有可能会影响到中间品厂商的模仿与创新选择，比如，国际贸易、政府政策、国家的创新体系构建等。

另外，虽然国家政策对模仿与创新选择的影响没有出现在上述的两个均衡的模型中，但是可以肯定的是，政府制定了税收、补贴、优惠等政策，对厂商技术投资时在模仿与创新间选择是有重要影响的。为了提升本国的技术水平，技术发展中国家往往会出台相应的战略与政策，比如，中国的创新驱动战略将创新作为中国新的发展动力、增长引擎；印度也提出了加强创新的十年战略计划；已经实现了技术赶超的日本与韩国，在技术赶超过程中都根据本国的实际技术水平情况与发展情况在不同阶段出台过很多技术政策与战略。

综上可知，在技术转型的过程中，除了人力资本与技术差距的影响以外，R&D 支出与政府政策等这些变量也会对发展中国家由模仿向创新转型的过程产生重要影响。因此，发展中国家的模仿和创新是内生的，对模仿和创新的选择能产生影响的要素必然会对赶超国家的模仿与创新水平产生重要影响，从而进一步影响技术赶超国家的技术进步。为了能成功实现技术赶超，对这些影响技术进步的要素进行分析，进而为成功赶超找到可行的方法是十分必要的。

第三节　技术赶超中模仿向创新转型的微观理论机制

发展中国家在既模仿又创新的情况下推动技术赶超，其赶超路径中会出现两个均衡点收敛。第一个均衡点为模仿均衡点，第二个均衡点为创新均衡点。前者是发展中国家技术水平收敛的点，对应的是低技术水平与低价值水平（中间产品的价值）；后者是技术发达国家技术收敛的点，对应的是高技术水平与高价值水平（中间产品的价值）。发展中国家技术赶超的最终目的就是本国的技术路径能跨越模仿均衡向创新均衡跃迁。

经济的主体是国家各个行业中的企业。模仿与创新推动发展中国家的技术赶超是各个行业里的众多企业通过模仿与创新活动推动技术进步的宏观表现。企业的技术进步和转型是国家技术进步与转型的微观基础。影响国家层面技术赶超的要素包括人力资本、国家投资、国家研发支出、专利水平、对外贸易、产业结构变化等，这些都不是行业中某个企业能决定和改变的，因此，在对发展中国家技术赶超的研究中，对企业的研究是必要的。本节从企业的层面来研究企业对模仿与创新的决策问题，从企业最优决策的角度来分析企业是如何由模仿向创新转型的，并试图为国家宏观层面的技术进步模式由模仿向创新的转型找到微观的理论机制。

一、企业模仿与创新推动技术进步的活动

市场的主体是企业，随着发展中国家市场化水平的不断提高，微观层面的企业作为市场主体发挥着重要的作用。在市场经济中，企业的技术水平越高，整个行业的技术水平就会越高，而一个国家不同行业的技术水平都达到较高的水平，国家的技术水平就会不断地向世界前沿接近。因此，对技术进步转型问题的研究不仅要从国家宏观角度出发，对国家的资源禀赋、国际贸易、技术扩散、技术政策等方面的影响进行研究；也要从微观厂商的角度，对他们做出技术转型决策的影响因素进行研究。

唐晓华和王伟光等（2001）指出，发展中国家的企业在创新方面有许多障碍要突破。①发展中国家的企业制度管理落后于发达国家。发达国家已经建立起了现代化的企业制度，拥有现代的企业管理结构，而这些发展中国家没有建立起来或者是还没有完备的制度体系。②企业家的创新精神是企业创新重要的影响因素，而发展中国家企业家缺乏创新精神。③企业的人力资本水平普遍不高，特别是高人力资本缺乏。这些问题也是很多发展中国家企业所面临的问题。这些问题都会对微观企业决策者在制定由模仿到创新决策时产生不利影响。“市场经济发展中的劳动力成本上涨、资源约束加强、优胜劣汰机制的作用都会对企业的技术转型产生影响。”（李红，2013）

从技术水平的高低来看，可以将企业分为高技术企业与中低技术企业。1981 年美国的《高技术》首次提出了高技术产业与低技术产业的概念。1986 年，OECD 国家也基于产业的研发强度将产业划分为低、中、高三个层次。当研发强度超过 4%时，为高技术产业；低于 1%的为低技术产业；研发强度介于 1%与 4%之间的就是中等技术产业（中等技术产业也可以再细分为中低与中高两类）。Parks 和 Schankerman（1984）采用实证分析方法，分析了市场需求、技术垄断收益、技术获取的途径与机会对产业创新的影响作用。

Cohen 和 Levin（1989，2000）认为，产业创新研究不仅要考虑市场集中度、公司规模大小，还要考虑到市场的需求、技术的可获得性与适宜性以及公司的特性，这些对产业创新是有着“根本性意义”的。王磊和阚益

（2013）指出，中低技术产业与高技术产业的创新方式与路径不完全相同，因此，要关注低技术产业的创新行为。Lall（1987）通过对印度的水泥、纺织等产业的研究发现，行业之间对于创新的积累的方式与途径不尽相同，但都能反映出由低端向高端推进的技术创新特点。

作为市场的主体，企业是推动技术创新的决定力量。经济体内部的企业创新活动越频繁，就越能带来更多的技术进步。企业的创新并不等同于国家的宏观层面的创新。国家宏观层面的创新更多体现在高新技术产业的创新活动中，它们可以衡量一个国家的技术前沿。而中低技术产业创新可以通过干中学、模仿技术等多种渠道来提升，随着中低技术企业技术水平的提升，中低技术产业就会走上创新的路径。

对于企业而言，技术推进的过程和路径对国家宏观技术发展有着非常重要影响。所以，在研究发展中国家的技术赶超时，不仅要关注到国家层面技术进步情况，更要对微观企业层面的技术进步给予足够的重视。Acemoglu 和 Aghion（2006）的研究指出，企业对管理人员的选择会影响到企业技术水平的高低，企业融资、干中学的能力以及社会的寻租行为、创新的激励都会对企业的创新决策产生重要影响，而众多企业的决策在宏观上就表现为国家技术进步的主导模式。一个经济体中的企业创新的数量越多，就越能带来技术水平的进步，从而实现较快的经济增长。但是，如果管理人员、企业融资、公司管理以及外部的经济环境等因素阻止了技术进步模式由模仿向创新转型，那么，经济体的经济增长就会受到重大影响，无法实现长期的经济增长。

本章将从微观层面对于企业的创新决策问题进行研究，影响企业创新决策的影响因素将被纳入理论模型进行分析。

二、企业对模仿与创新决策的理论机制

（一）模型的基本描述

模型的假定：①经济模型考虑的是上一期与本期两个时期，行业中每一期里新进入企业与老企业数量相等。在两个时期里，行业中劳动力自然增长率为 0，即不考虑劳动力变化情况。②中间产品生产市场存在着垄断，最终产

品生产市场是处于完全竞争状态的。市场经济中只生产一种最终产品。③模仿、自主创新研发、干中学都能够促进企业的技术进步。④老企业比新企业获得投资的难度较小，这种困难体现在融资的成本上。

（二）产品市场的生产

将生产函数设定为一个存在规模效应的形式：

$$y_t = \frac{1}{\alpha} L^{1-\alpha} \left[\int_0^1 (A_t(v))^{1-\alpha} x_t(v)^{\alpha} \mathrm{d}v \right] \tag{2-15}$$

其中，$A_t(v)$、$x_t(v)$ 分别表示企业的技术水平和对第 v 种中间产品的需求。在完全竞争的最终产品市场中，中间产品的价格是由它的边际产品价值决定的。由此可以得到中间产品的价格，如式（2-16）所示

$$p_t = \int_0^1 p_t(v)\,\mathrm{d}v = MP_t = \frac{\alpha y_t}{\alpha x_t(v)} = \frac{\int_0^1 \left[\alpha \frac{1}{\alpha} L^{1-\alpha} (A_t(v))^{1-\alpha} x_t(v)^{\alpha} \right] \mathrm{d}v}{\alpha x_t(v)} =$$

$$\int_0^1 \left[\frac{\alpha \frac{1}{\alpha} L^{1-\alpha} (A_t(v))^{1-\alpha} x_t(v)^{\alpha}}{\alpha x_t(v)} \right] \mathrm{d}v = \int_0^1 \left[\frac{1}{\alpha} L^{1-\alpha} (A_t(v))^{1-\alpha} \alpha x_t(v)^{\alpha-1} \right] \mathrm{d}v$$

所以

$$p_t(v) = (A_t(v)\ L/x_t(v))^{1-\alpha} \tag{2-16}$$

中间产品生产是存在垄断的，厂商在定价时，采用边际成本定价的方法。本书将中间品生产商分为两类：第一类是掌握技术的厂商，他们的成本为 1；第二类是没有掌握技术的中间品生产商，他们可以通过模仿等方法获得技术进行生产，但是生产成本 χ 要高于掌握技术的厂商的成本 1。在这里，$\chi \in [1,\ 1/\alpha]$，$\alpha \in [0,\ 1]$。由于中间产品的价格是由第二类厂商边际成本决定的，所以 $p_t(v) = \chi$，根据式（2-16）可以得出对第 v 种中间产品的需求

$$x_t(v) = \chi^{-\frac{1}{1-\alpha}} A_t(v) L \tag{2-17}$$

同样地，可以得出中间产品行业中技术垄断厂商所能获得的垄断利润函数

$$\pi_t(v) = (p_t(v) - 1)x_t = \delta A_t(v) L \tag{2-18}$$

式（2-18）中，$\delta \equiv (\chi - 1)\chi^{-\frac{1}{1-\alpha}}$，用来表示掌握技术的垄断厂商对市场的控制程度。它的控制程度越高，第二类厂商的成本χ就会越高。

将式（2-17）中间产品的需求函数代入式（2-15）的生产函数中

$$y_t = \alpha^{-1}\chi^{-\frac{\alpha}{1-\alpha}}A_t L \tag{2-19}$$

整个行业的平均技术水平可表示为

$$A_t \equiv \int_0^1 A_t(v)\,\mathrm{d}v \tag{2-20}$$

均衡时的工资可表示为

$$w_t = (1 - \alpha)\alpha^{-1}\chi^{-\frac{\alpha}{1-\alpha}}A_t \tag{2-21}$$

用 y_t^{net} 表示净产出，等于最终产出减去中间产品成本，则

$$y_t^{net} = y_t - \int_0^1 x_t(v)\,\mathrm{d}v = \omega A_t L \tag{2-22}$$

其中，$\omega \equiv (\chi - \alpha)\chi^{-\frac{1}{1-\alpha}}/\alpha$，$y_t^{net}$ 为净产出水平，是生产的利润。根据式（2-22）可以得到生产利润与技术水平间的正比关系。

（三）企业的技术水平

该行业世界技术前沿水平可用以下函数进行刻画：

$$\bar{A}_t = (1 + g)^t \bar{A}_0 \tag{2-23}$$

$$A_t(v) = s_t(v)(\eta \bar{A}_{t-1} + \gamma_t(v) A_{t-1}) \tag{2-24}$$

在刻画世界技术前沿水平和企业技术水平时有四个重要的参数 s、η、γ、λ 分别表示干中学效率、模仿的效率、创新的效率和创新的成功率。老企业干中学的效率要高于新企业，所以，在此假定新企业的干中学效率为$\sigma<s$，模仿的效率 η 是一个大于 0 的常数，创新的效率 γ 也是大于 0 的正数，创新的成功率 λ 就是创新成功的企业占总创新企业的比例。

将行业中的企业分为三种类型：第一类是上期的老企业，并且是上期创新成功企业；第二类是新企业，就是本期才进入市场的企业；第三类是老企业，上期创新失败本期有两种选择，继续坚持创新或者只模仿不创新。第一

和第二类企业对应的技术水平分别为：$A_{ot}=\eta\bar{A}_{t-1}+\gamma_t A_{t-1}$，$A_{yt}=\sigma(\eta\bar{A}_{t-1}+\lambda\gamma_t A_{t-1})$。第三类企业的技术水平取决于它的选择。①选择只模仿，技术水平可表示为：$A_{ot}=\eta\bar{A}_{t-1}$。②模仿并坚持创新，技术水平可表示为：$A_{ot}=\sigma(\eta\bar{A}_{t-1}+\lambda\gamma_t A_{t-1})$。用 $R_t=1$、$R_t=2$ 分别表示选择①或者②，可以将整个行业中老企业的技术水平用式（2-25）表示如下

$$A_{ot}=\begin{cases}\eta\bar{A}_{t-1}+\lambda\gamma A_{t-1}, & R_t=1\\ (\lambda+(1-\lambda)\sigma)\eta\bar{A}_{t-1}+(1+(1-\lambda)\sigma)(\lambda\gamma A_{t-1}), & R_t=2\end{cases}\tag{2-25}$$

整个行业中，企业是由新、老两种企业构成。用新、老企业的技术水平与它们的权重乘积，可以计算出整个行业的技术水平均值为

$$A_t=\begin{cases}\dfrac{1+\sigma}{2}(\eta\bar{A}_{t-1}+\lambda\gamma A_{t-1}), & 若\ R_t=1\\ \dfrac{1}{2}((\lambda+\sigma+(1-\lambda)\sigma)\eta\bar{A}_{t-1}+(1+\sigma+(1-\lambda)\sigma)\lambda\gamma A_{t-1}), & 若\ R_t=2\end{cases}\tag{2-26}$$

令 $a_t\equiv\dfrac{A_t}{\bar{A}_t}$，其中，$A_t$ 与 $\bar{A}_t$ 分别表示本期中行业的技术水平。a_t 表示本期行业的平均技术水平与世界技术前沿水平的比值，这个比值越大，说明与世界技术前沿的距离越小；反之则越大。在这里，$0<a_t\leqslant 1$，世界技术前沿增长率为 g。将 $\bar{A}_{t-1}=\bar{A}_t/(1+g)$，$a_t\equiv\dfrac{A_t}{\bar{A}_t}$ 代入方程（2-26）中

$$a_t=\begin{cases}\dfrac{1+\sigma}{2(1+g)}(\eta+\lambda\gamma a_{t-1}), & 若\ R_t=1\\ \dfrac{((\lambda+\sigma+(1-\lambda)\sigma)\eta+(1+\sigma+(1-\lambda)\sigma)\lambda\gamma a_{t-1})}{2(1+g)}, & 若\ R_t=2\end{cases}\tag{2-27}$$

（四）新老企业获得投资的情况

由模型假定可知，在行业中，上期存在但本期开始选择研发的中间产品

生产企业以及新进入的企业所获得的投资比上期存在且技术进步方式不变的中间品生产企业要困难。老企业的融资为 $k_{ot}=k\bar{A}_{t-1}$，新企业的融资为 $k_{yt}=\phi k\bar{A}_{t-1}$，$o<\phi<1$，上期存在但本期没有转变技术进步方式，所以运营的风险较小，在本期更容易获得投资。而转型企业和新进入的企业面临的情况一样，运营的风险较大，所以获得投资相对困难。同时，新企业与老企业的不同还在于新企业无法用留存收益 $RE_{t-1}=(1+r)\ \pi_{t-2}=\frac{1+r}{1+g}\delta L\eta\bar{A}_{t-1}$ 来弥补投资。无论是新企业还是老企业，在资本市场上都需要付出相同的资本租金率 R。

（五）均衡选择与均衡路径

模型要进行分析的均衡有两个：一个是第三类企业在本期中的选择问题，它们是选择只进行技术模仿还是会像新企业一样选择模仿并创新；另一个是技术发展中国家在该行业对世界技术前沿的赶超最大化路径选择。

第三类企业的选择是继续模仿还是通过研发进行自主创新，取决于两种选择的预期利润，即 $E_{R=1}(\pi)$ 与 $E_{R=2}(\pi)$ 的大小。通过对比第三类企业两种选择时的利润，就可以得知第三类企业的选择。所以，能影响第三类企业利润的因素都会对它们的选择产生影响。$E_{R=1}(\pi)$ 与 $E_{R=2}(\pi)$ 分别表示它们选择本期只模仿和模仿并创新时的利润水平。

$$
\begin{aligned}
&E_{R=1}(\pi)=\delta L\eta\bar{A}_{t-1}-w_t-(1+R)\left(k-\frac{1+r}{1+g}\delta L\eta\right)\bar{A}_{t-1}\\
&E_{R=2}(\pi)=\delta L\sigma(\eta\bar{A}_{t-1}+\lambda\gamma A_{t-1})-w_t-(1+R)\phi k\bar{A}_{t-1}\\
&E_{R=1}(\pi)-E_{R=2}(\pi)>0\\
&\Leftrightarrow\delta L\eta\bar{A}_{t-1}-w_t-(1+R)\left(k-\frac{1+r}{1+g}\delta L\eta\right)\bar{A}_{t-1}>\\
&\delta L\sigma(\eta\bar{A}_{t-1}+\lambda\gamma A_{t-1})-w_t-(1+R)\phi k\bar{A}_{t-1}\\
&\Rightarrow a_t\leqslant\frac{(1-\sigma)\eta+(1+R)\left[(\phi-1)k/\delta L+\frac{1+r}{1+g}\eta\right]}{\sigma\lambda\gamma}
\end{aligned}
\tag{2-28}
$$

令

$$\bar{a} \equiv \frac{(1-\sigma)\eta+(1+R)\left[(\phi-1)k/\delta L+\frac{1+r}{1+g}\eta\right]}{\sigma\lambda\gamma} \tag{2-29}$$

表 2-2 模仿与创新的差别

选择				$E_{R=1}(\pi)=E_{R=2}(\pi)$ 时，$a_t=\bar{a}$，选择无差别
继续模仿	$R_t=1$	$E_{R=1}(\pi)>E_{R=2}(\pi)$	$a_t<\bar{a}$	
研发创新	$R_t=2$	$E_{R=1}(\pi)<E_{R=2}(\pi)$	$a_t>\bar{a}$	

式（2-28）和式（2-29）显示，在 $a_t=\bar{a}$ 处，两种选择的利润是相等的。做出任何一种选择，都能得到相同的利润。但在该点的左右两侧，利润大小不同。在它的左侧，模仿的利润大于创新的利润，所以在该均衡点的左侧，技术进步是以模仿为主导。在它的右侧，技术进步是以创新为主导。由此可以得出这样的结论：在技术赶超中，技术水平在接近世界技术前沿的一端，创新给企业带来的利润超过模仿的利润。同理，行业技术水平在远离世界技术前沿的一端时，模仿给企业带来的利润高于创新的利润。发展中国家行业的技术进步模式与同世界技术前沿的技术差距有着重要关系。

利润无差别的选择点 $a_t=\bar{a}$ 对发展中国家的行业技术赶超有着重要的意义。它在技术赶超路径中的位置，正是赶超行业中企业的技术进步模式由模仿向创新转型的最佳时点。如果它的位置比较靠后，也就意味着该行业中技术进步的方式转型比较晚，转型过早或过晚都会影响企业技术赶超的速度。

在考虑创新时，不能忽视创新的利润问题。第二类与第三类企业创新利润为正是它们创新的必要条件

$$\begin{aligned} E_{yt}(\pi)\geqslant 0 &\Rightarrow \delta L\sigma(\eta\bar{A}_{t-1}+\lambda\gamma A_{t-1})-w_t-(1+R)\phi k\bar{A}_{t-1}\geqslant 0 \\ &\Rightarrow \delta L\sigma(\eta\bar{A}_{t-1}+\lambda\gamma A_{t-1})\geqslant DA_{t-1}+(1+R)\phi k\bar{A}_{t-1}\geqslant 0 \\ &\Rightarrow a_{t-1}\geqslant\frac{(1+R)\phi k-\delta L\sigma\eta}{\delta L\sigma\lambda\gamma-D} \end{aligned} \tag{2-30}$$

且假定 $\delta L\sigma\lambda\gamma>D, D=(1-\alpha)\alpha^{-1}\chi^{-\frac{\alpha}{1-\alpha}}$，令 $\underline{a}\equiv\frac{(1+R)\phi k-\delta L\sigma\eta}{\delta L\sigma\lambda\gamma-D}$，可得

$$(1+R)\phi k>\delta L\sigma\eta \tag{2-31}$$

表 2-3　创新的利润与选择

$a_{t-1}<\underline{a}$	利润小于零	企业不创新	选择模仿
$a_{t-1}\geqslant\underline{a}$	利润大于零	企业创新	模仿并坚持创新

创新的利润在 $a_{t-1}=\underline{a}$ 处等于 0。在它的左侧，创新利润为负，理性厂商只会模仿，不会选择创新。在它的右侧，创新有利可图，企业开始进行创新。将 $a_{t-1}=\underline{a}$ 时点称为“创新停滞点”。

a_t 表示技术差距，a_t 越大，说明越接近技术前沿。可以通过对比两种选择下 a_t 的大小来分析第三类企业的选择对技术赶超最大化的影响。

$$a_t(R=1)>a_t(R=2)\Rightarrow a_{t-1}<\frac{\eta(1-\sigma)}{\lambda\gamma\sigma} \tag{2-32}$$

若 $\hat{a}\equiv\frac{\eta\ (1-\sigma)}{\lambda\gamma\sigma}$，则

$$\underline{a}<\hat{a}<1 \tag{2-33}$$

当 $a_{t-1}<\hat{a}$ 时，模仿对技术进步的作用更大；当 $a_{t-1}>\hat{a}$ 时，创新对技术进步的作用更大。当 $\bar{a}<\hat{a}$时，技术进步模式转型发生在技术赶超最大化的均衡前。在［$\bar{a}$，$\hat{a}$］区间，厂商在利润上已经实现了从模仿向模仿并创新的转型，但是这种转型并不是技术赶超最大化的要求。技术赶超最大化的要求是继续采用模仿方式，直到 $\bar{a}<a_{t-1}=\hat{a}$时再转型。当然，处于此阶段的经济体应该多模仿少创新，虽然要转型，但创新投入应该少于模仿投入，这样更有利于经济体技术水平的提高。

$\bar{a}$ 与 $\hat{a}$ 两点的含义不同。$\bar{a}$ 表示模仿与创新的利润相等时的点，小于 $\bar{a}$ 时，第三类企业会选择模仿；大于 $\bar{a}$ 时，第三类企业会选择创新。$\hat{a}$ 表示从企业技术赶超最大化的角度出发最佳的由模仿向创新转型的时点。这两者的区别在于：第一个是企业选择的转型时点，第二个是最大化赶超要求的时点。如果企业正好在该点处实现由模仿向创新的转型，那么技术赶超最大化就能实现，该点称为技术转型的最佳时点。

若 $\hat{a}<\bar{a}$ 时，说明企业选择的转型晚于最佳的时点，反之则表示早于最佳时点。如果最佳时点没有转型，那么在［$\hat{a}$，$\bar{a}$］的阶段里，行业中模仿的数量多于最优的模仿水平，因为在这个阶段里创新的作用大于模仿，此时将更多的企业资源用于创新，能带来更快的技术进步。如果在早于最佳时点时就已经转型，那么在［$\hat{a}$，$\bar{a}$］的阶段里，创新的数量大于最优的创新水平，多出的创新数量所带来的技术进步水平低于同样的资源投资于模仿带来的技术进步。

所以，实际的转型时点与最佳的转型时点不一致会带来发展中国家企业技术赶超速度上的损失。最理想的由模仿向创新的转型是实际的转型时点正好与最佳的时点一致。但是，考虑到完成转型是需要时间的，所以要能准确地把握住恰当的时机并以最优的赶超路径实现技术赶超是很难做到的，但在选择时点与真实的转型时，点越接近，则在技术赶超的路径中速度的损失就会越小。

三、企业的决策对模仿向创新转型的影响

企业的技术水平在与世界技术前沿比较接近时，为了实现技术赶超，它应该保持与世界技术前沿同样的技术进步速率，由此可以计算出世界技术前沿的进步速率

$$a_{t-1}(R=2)=a_t(R=2)=1$$

$$\Rightarrow 1=\frac{1}{2(1+g)}((\lambda+\sigma+(1-\lambda)\sigma)\eta+(1+\sigma+(1-\lambda)\sigma)\lambda\gamma) \quad (2-34)$$

$$\Rightarrow g=\frac{(\lambda+\sigma+(1-\lambda)\sigma)\eta+(1+\sigma+(1-\lambda)\sigma)\lambda\gamma}{2}-1$$

通过式（2-34），可以得知本期的技术差距是上一期技术差距的线性函数。如果以本期的技术差距为纵坐标，上一期的技术差距为横坐标，可以将本期与上一期技术差距的关系图画出来。前者是关于后者的一次函数，斜率项为正且小于 1，Y 截距为正。如图 2-4 所示。

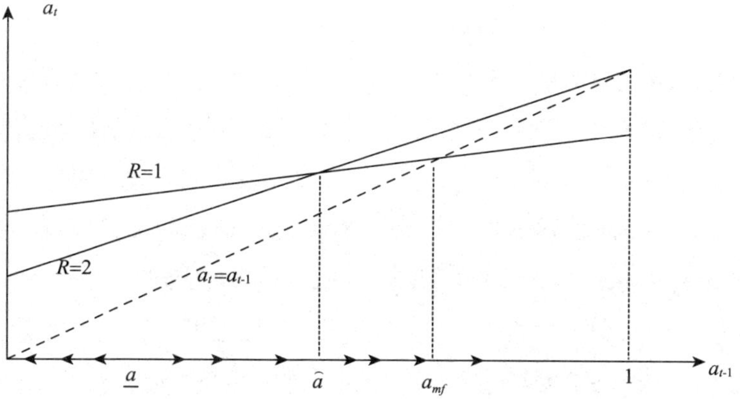

图 2-4 企业技术赶超路径图

当 $a_{t-1}=a_t$ 时，可以计算出

$$a_{mf}=\frac{(1+\sigma)\eta}{2(1+g)-\gamma\lambda(1+\sigma)},\hat{a}<a_{mf}<1 \tag{2-35}$$

由图 2-4 可以看出，a_{mf} 是线 $R=1$ 与线 $a_t=a_{t-1}$ 的交点横坐标。那么，在线 $R=1$ 上，位于该交点左侧的点，$a_t>a_{t-1}$ 表明本期的技术差距在缩小；而在该交点右侧的点，$a_t<a_{t-1}$ 表明本期的技术差距在扩大。技术赶超的最佳时点出现在 a_{mf} 的左侧，但实际的技术转型时点是由第三类企业的选择决定的 $\bar{a}$ 点。如果实际的转型点 $\bar{a}$ 出现在 a_{mf} 的左侧，那么企业赶超技术前沿是可以实现的；如果它出现在 a_{mf} 的右侧，那么企业的技术赶超就无法实现。出现这种结果的主要原因就在于，在 a_{mf} 的右侧企业所处的技术进步路径是在 $R=1$ 与 $R=2$ 的哪一条线上。位于后者上面，技术赶超的路径位于 $a_t>a_{t-1}$ 的区域，后一期的技术水平就会高于上一期的技术水平，所以，技术进步持续进行直到收敛于世界技术前沿。如果位于前者上面，技术赶超的路径位于 $a_t<a_{t-1}$ 的区域，后一期的技术水平就会低于上一期的技术水平。这表明本期的技术水平会低于上一期的技术水平，技术水平出现倒退。这种倒退直到 a_{mf} 点停滞。造成这种技术进步停滞的主要原因是模仿向创新转型太晚，晚于 a_{mf} 点。此时，企业的技术赶超陷入停滞状态。根据造成技术停滞的主要原因，企业技术赶超中出现的这种情况称为“模仿陷阱”。

综上所述，本节内容可以归纳如下。①企业在技术赶超时，第三类企业的选择会影响行业创新企业的数量。②发展中国家企业在技术赶超中会经历三个主要的阶段，分别是：第一个阶段 $[0, \underline{a}]$，是只模仿的阶段，在这个阶段里创新的利润为 0；第二个阶段 $(\underline{a}, \bar{a}]$，是模仿主导的阶段，在这个阶段，有创新但模仿占主导地位；第三个阶段 $(\bar{a}, 1]$，是创新主导的阶段。③技术由模仿向创新的转型取决于企业对模仿与创新的选择。这一选择不但会影响到技术赶超的速度，还会影响到技术赶超能否实现。选择恰当的时机转型对发展中国家企业的技术赶超有着极其重要的影响意义。④模仿陷阱的存在主要取决于模仿向创新转型能否在快接近世界技术前沿时的 a_{mf} 点之前实现。如果在此点前没有实现，那么技术赶超将会陷入模仿陷阱。

第四节　本章小结

（1）本章首先分析了模仿与创新对技术进步的推动作用。模仿与创新对技术进步都有促进作用，模仿是技术向技术前沿的靠近；创新是推动技术前沿外移。两种方式都能推动本国的技术进步，与世界技术前沿差距较大的国家更多通过模仿来推动本国的技术进步，而与世界技术前沿差距较小的国家多采用创新来推动本国的技术进步。其次，对模仿和创新的途径及这些途径对技术进步的作用进行分析。模仿与创新的途径较多，模仿可以通过技术引进、购买技术设备、外商直接投资（FDI）等。创新的途径有研发支出、科技研究活动等。最后，模仿与创新并不是对立的。两者是相辅相成的、相互关联的。

（2）对模仿与创新推动技术赶超的理论机制进行分析。首先，只考虑模仿来实现赶超的情况。在此种情况下，运用技术赶超模型对发展中国家技术赶超的路径进行分析，结果显示，技术赶超的路径会收敛于一个均衡点，这个均衡点被称为“模仿均衡点”。其次，将创新引入技术赶超的模型中进行分析，结果显示，技术赶超的路径会收敛于两个均衡点。前一个仍然是模仿均衡点，而后一个均衡点被称为“创新均衡点”。技术赶超的路径是间断的，间断的原因是模仿与创新对于要素禀赋的要求不同。创新对要素禀赋的要求高，模仿对要素禀赋的要求较低。最后，对模仿向创新转型的理论进行分析，并对模仿向创新转型时对要素禀赋的要求做了初步的分析。

（3）建立了微观厂商的决策模型，以此来研究技术赶超中模仿向创新转型的微观机制。研究发现，企业在对行业技术前沿进行赶超时，厂商在模仿与创新之间决策时受到技术差距、创新的效率、中间品市场垄断程度、企业融资的成本、政府补贴等的影响。厂商的决策会影响到由模仿向创新转型的时点、转型的速度，以及是否会陷入“模仿陷阱”① 而不能完成转型。

本章研究表明：第一，发展中国家技术赶超的路径中存在两个均衡点——模仿均衡点和创新均衡点，由模仿向创新的转型是困难的。第二，能影响厂商利润的因素都可能是影响由模仿向创新转型的因素。除理论模型中出现的技术差距和人力资本外，技术投资、创新效率、政府支持等因素都可能会影响由模仿向创新转型。

① 这里的“模仿陷阱”与本章第二节宏观模型中的“模仿陷阱”意思相似，但这里表示的是企业对行业技术赶超中技术的停滞，或者倒退无法赶超行业的技术前沿。

第三章　技术转型的要素分析

在技术赶超的过程中，由模仿向创新的转型是困难的。有些国家实现了转型，达到创新主导阶段，但是也有很多没有实现转型的国家。这说明技术转型虽然不容易，但也能实现。那么，在技术转型的阶段，哪些要素在影响这种转型的实现？这正是本章要研究的问题。

第一节　技术赶超中技术收敛于模仿与创新的检验

从新古典经济增长模型开始，对经济收敛问题的研究成为经济发展研究的一个重要方向。在新古典经济增长模型中，资本的边际报酬递减意味着贫穷国家提高资本存量会得到比发达国家更快的经济增长，因此，贫穷国家就可以利用这个增长的速度差来实现对发达国家的经济追赶，最终其经济水平会达到较为一致的收敛水平。

在第一章的文献回顾中，后发优势理论的支持者认为模仿比创新的成本更低，所以发展中国家在技术进步上存在着更大的潜能，它们能充分利用与世界技术前沿的技术差距，通过模仿实现比发达国家更快的技术进步，所以，最终发展中国家能实现技术上的赶超。

在世界经济发展的历程中，众多技术赶超的国家里只有极少数实现了对技术发达国家的赶超，绝大多数国家并没有达到世界技术前沿水平。出现这样的情况的原因如下：

第一，全球众多国家的技术发展是发散的，不能收敛。这也就意味着处在不同技术发展水平的国家的技术发展路径并不是一条而是多条，并且不会收敛。

第二，技术收敛是存在的，但是这种收敛并不是绝对的、无条件的。它可能会受到一些因素的影响，如果能够确定这些因素会对技术收敛产生影响，那么发展中国家可以扬长避短，实现与发达国家的技术收敛。

本节对全球66个样本国家的技术水平进行收敛分析，其中，OECD国家30个①，发展中国家36个②。先根据选定技术水平的测算指标对技术水平进行测算，再对技术水平进行绝对收敛与条件收敛检验。在条件收敛的检验中，将技术转型的影响因素引入收敛模型中进行分析。第二章的理论分析结论表明：向技术发达国家收敛的技术进步路径并不是连续的，而是在两个均衡点之间跃迁。所以，能不能实现技术进步模式的转型是实现这两个均衡点间跃迁的关键，影响技术收敛的因素也会对技术模式由模仿向创新转型产生作用。

一、技术的测算方法

比较常用的衡量技术的指标是全要素生产率，也有学者将专利作为技术的衡量指标。参数方法和非参数方法是测算全要素生产率主要的两类方法。参数方法主要包括指数法、索罗残差法、隐性变量法、前沿生产函数法等。非参数方法主要是DEA数据包络分析法。

（一）指数法

此方法最早由Abramvitz（1956）提出，通过公式 $TFP_t = \frac{P_0 Y}{r_0 K + w_0 L}$ 核算全要素生产率，其中 P_0、r_0、w_0 分别为基期的产出价格、资本价格、工资率。

① 英国、新西兰、西班牙、土耳其、爱尔兰、奥地利、澳大利亚、斯洛伐克共和国、卢森堡、美国、墨西哥、挪威、葡萄牙、瑞典、瑞士、比利时、冰岛、意大利、日本、芬兰、法国、希腊、匈牙利、捷克共和国、韩国、丹麦、德国、加拿大、荷兰、波兰。

② 阿尔及利亚、阿拉伯埃及共和国、阿塞拜疆、巴基斯坦、巴拉圭、巴拿马、保加利亚、厄瓜多尔、菲律宾、哥斯达黎加、古巴、哈萨克斯坦、洪都拉斯、吉尔吉斯斯坦、罗马尼亚、马达加斯加、马来西亚、马其顿王国、毛里求斯、孟加拉国、秘鲁、摩尔多瓦、摩洛哥、南非、斯里兰卡、塔吉克斯坦、泰国、危地马拉、乌克兰、乌兹别克斯坦、亚美尼亚、印度、印度尼西亚、约旦、越南、中国。

后来，学者又提出了 Paasche 指数法、Laspeyres 指数法、Tornqvist 指数法、Fisher 指数法。指数方法核算的本质是通过产出与投入要素的加权指数比值来测算全要素生产率。指数法较为直接且操作方便，但由于其不能进一步对技术进步与效率增长进行分解，因而在实际分析中应用并不广泛。

（二）索罗残差法

索罗残差法是根据 Solow（1957）的模型提出的方法。该方法需要先确定生产函数的形式，用产出的增长率减去各投入要素的增长率之和所得的差值来测算全要素生产率。以 C-D 生产函数为例，测算公式为：$\ln Y=\ln A_t+\alpha\ln K_t+\beta\ln L_t+u_t$。其中，$Y$，$K$ 与 L 分别表示总产出、资本存量与劳动力数量，α 与 β 分别为资本与劳动的平均产出份额。通过计算索罗残差的方法，可以得到全要素生产率（TFP）增长率的计算公式：

$$\frac{\dot{A}}{A}=\frac{\dot{Y}}{Y}-\alpha\frac{\dot{K}}{K}-\beta\frac{\dot{L}}{L} \tag{3-1}$$

索罗残差法为全要素生产率增长率的估算提供了一种重要的依据，在实际中得到了较多的应用。索罗残差法约束严格，要求完全竞争、规模收益不变、中性技术进步等，但这些约束在实际经济中往往很难满足。“具体估算中资本的价格难以确定，所以用资本存量来代替资本服务，忽略了新旧资本设备生产效率的差异以及能力实现的影响，同时残差法也无法将随机误差项分离出来。”（郭庆旺、贾俊雪，2005）

（三）隐性变量法

郭庆旺与贾俊雪（2005）最早用隐性变量法来测算中国的全要素生产率。此方法要先建立状态空间模型，估算时采用最大似然估计得出全要素生产率。

估计方程：

$$\Delta\ln Y=\Delta\ln TFP_t+\alpha\Delta\ln K_t+\beta\Delta\ln L_t+u_t \tag{3-2}$$

其中，将 $\Delta\ln TFP_t=\rho\Delta\ln TFP_{t-1}+v_t$ 视为一个一阶自回归过程的隐性变量。通过估计这两个方程，就能得到全要素生产率增长率的估计值。隐性变量法借助于状态空间模型来估算，有利于减少索罗残差法估算中分两步所导致的信息损失。该方法在本质上与索罗残差法相同，但是对于变量采用一阶差分法，这同样会导致信息损失，因而测算结果中全要素生产率变化不明显。

（四）前沿生产函数法

随机前沿生产函数法（SFA）最早由 Aigner、Lovell 与另外两名学者 Meeusen、Vannen 于 1977 年分别提出。后来，Battese、Coelli（1992，1995）进一步发展了此算法，将随机前沿生产函数法从估计截面数据发展到核算面板数据。两位学者在 1995 年的著作中更进一步分析了技术效率对于全要素生产率的影响。估计方法如下：

$$\ln Y_{it}=F(X_{it},\alpha,t)+V_{it}-U_{it},i=1,2,3,\cdots,N;t=1,2,3,\cdots,T \tag{3-3}$$

其中，Y_{it} 表示产出，X_{it} 表示投入要素，α 表示待估计参数向量，t 表示时间趋势，V_{it} 表示随机误差项，U_{it} 表示技术无效率。

第 i 个个体在第 t 年的技术效率为

$$TE_{it}=E(\exp(-u_{it})/e_{it}) \tag{3-4}$$

技术效率的进步可以表示为

$$TE=E(\exp(-u_{it_1})/e_{it_1})/E(\exp(-u_{it_0})/e_{it_0}) \tag{3-5}$$

技术进步可以表示为

$$TP=\left[1+\frac{\partial F(X_{it},\alpha,t)}{\partial t_0}\right]^{\frac{1}{2}}\cdot\left[1+\frac{\partial F(X_{it},\alpha,t)}{\partial t_1}\right]^{\frac{1}{2}} \tag{3-6}$$

$$TFP=TP\times TE \tag{3-7}$$

随机前沿生产函数法（SFA）考虑了随机误差项，但 SFA 所设定的生产函数的形式以及无效率项分布的设定不同，会导致计算的结果有所不同。因此，SFA 所设定的生产函数的形式及无效率项分布的设定会显著影响估计结果。

（五）非参数 DEA 数据包络分析方法

数据包络法最早由 Farrell 于 1957 年提出，采用估算距离函数的方法来测算全要素生产率，是一种由数据来驱动的方法。Malmquist、Shephard 于 1953 年先后提出了距离函数的概念。近三四十年来，距离函数被广泛应用于经济测量中，它能很好地表达投入距离函数与产出距离函数。在给定产出向量方向的情况下，投入向量的变化对于产出向量的影响能够很好地刻画生产技术的特征。

1. 规模报酬不变的 DEA 数据包络分析方法

Charnes、Cooper 和 Rhodes（1978）建立了 CCR 模型，并对于技术前沿设置了三个约束：①产出规模报酬不变；②在一定技术下投入产出组合是凸性的，即生产技术集合是凸的；③投入和产出强可处置性。

将以上三个限制加于前沿技术：规模报酬不变、可行的投入产出组合的凸性、投入和产出强可处置性（Strong Disposability）。在图 3-1 中通过简单例子介绍 CCR 模型。

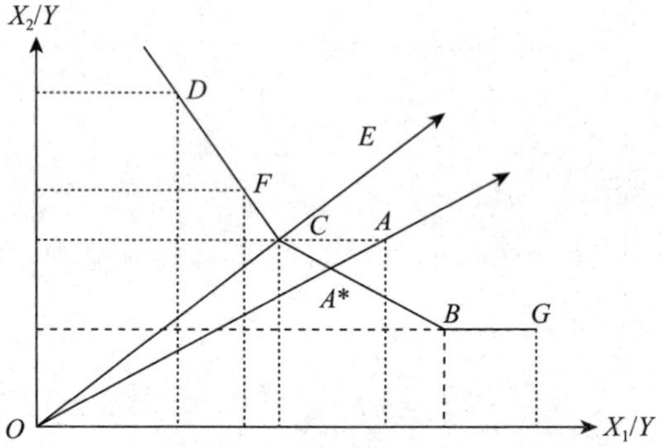

图 3-1　技术前沿

A、B、C、D、E、G 代表了两种投入要素（X_1，X_2）生产产出 Y 的六个决策单元（DMUs）。在图 3-1 中，线 D、G 代表六个决策单元①中人口数据包络分析技术得到的前沿单位等产量线。每一个单元都使用两种不同数量的投入，得到不同数量的单一产出。决定每个单元无效率水平，是通过对比唯一参照决策单元，或者位于前沿等产量线上其他参照单元凸组合以及使用相同的投入比例。因此，技术效率 A 用比例 OA^*/OA 表示，其中，A^* 是参照 B 和

① 值得注意的是，DEA 方法只与相对生产率测量相关，因为它是从每个 DMU 实际观测值中产生的。

C 的线性组合（对等组合），其使用投入比例与 A 相同，因为 A 和 A^* 位于相同的射线上。E 的效率位于效率等产量曲线以及与 C 相同的射线上。OC/OE 的比例决定 E 的技术效率。最后，虽然单位 G 位于效率前沿，但是它不能被认为在帕累托意义上的技术效率，因为和 B 利用相同数量的投入 X_2，但更多的 X_1 来生产相同产出水平。①

因此，为了决定每个单元效率分数，将会与有效决策单元线性组合组成“等同组合”进行比较。假设投入 m 和产出 s 的投入产出向量特征的一组 N 个同质决策单元，每个单元没有位于有效前沿。我们定义一个向量 $\bar{u}=(u_1，\cdots，u_N)$，其中 u_j 表示存在等同组中每个单元的权重。DEA 计算的目的在于最大化每个 DMU 的相对效率分数。但有一个限制条件是，每个决策单位以此种方式得到的权重组合必须与包含在此样本中其他决策单位一致。这种效率分数可以通过以下数学规划公式进行计算。

$$
\begin{aligned}
& TE_{CRS} = \min u\Psi^0 \\
& s.t. \\
& \sum_{j=1}^{n} u_j X_{ij} \leqslant \Psi X_i^0, i = 1, \cdots, m \\
& \sum_{j=1}^{n} u_j Y_{rj} \geqslant Y_r^0, r = 1, \cdots, s
\end{aligned}
\tag{3-8}
$$

线性规划方法提出，被分析的每个决策单元的等同组合至少在相同产出水平上生产，但只能消耗决策单元每种投入的一个比例（Ψ）（第一个限制）②。最终目的是确定线性参照组合，即每个决策单元最小值 Ψ，通过最优 Ψ^* 值决定技术效率分数。

此种方法不能反映规模报酬变化的影响，也不能反映随机误差项的影响。

2. 规模报酬可变

Fare、Grosskopf 和 Lovell（1983），Fare、Grosskopf（1984），Banker、Char-

① 这个是 DEA 模型的技术特征，位于水平和垂直的单元不再是帕累托有效的。这个问题的修正处理暗示着将松弛（Slack）引入投入和产出在数学线性规划中的限制，可以解决 DEA 模型。对于 DEA 模型中松弛问题的详细分析可以参考 Ali 和 Seiford（1993）以及 Ali（1994）。

② 第一个限制也保证投入 DMU 将会利用与规模报酬不变情况下分析单元相同比例投入。

nes 和 Cooper（1984）考虑了规模报酬变化（VRS）情况，将约束 $\sum u_j = 1$ 加入模型公式中，以此刻画规模报酬变化，只将每个决策段与相似规模相比较。这种操作方法避开了规模效率对技术效率分数损伤效应。作为结果的线性规划问题可以表达为

$$
\begin{aligned}
& TE_{VRS} = \min u \Psi^0 \\
& s.t. \\
& \sum_{j=1}^{n} u_j X_{ij} \leqslant \Psi X_i^0, i = 1, \cdots, m \\
& \sum_{j=1}^{n} u_j Y_{rj} \geqslant Y_r^0, r = 1, \cdots, s \\
& \sum_{j=1}^{n} u_j = 1
\end{aligned}
\tag{3-9}
$$

Charnes 等（1982，1983）和 Banker、Maindiratta（1986）通过乘法包络面的应用来测定相对效率。Ferrier、Lovell（1990）以价格信息和行为目标（如成本最小化）为基础测定配置效率。Charnes 等（1985）通过窗口分析（Window Analysis）方式进行面板数据处理。Fare 等（1994）用曼奎斯特指数（Malmquist Index）的方法来测算技术的分解指数，这种方法能够较好地解决规模可变的情况，并将规模报酬的变化对全要素生产率的影响考虑进来，但不能将随机误差的影响排除在外。

二、绝对收敛与条件收敛检验

经济收敛问题一直是经济学领域的热点课题。从新古典经济增长模型开始，学者对经济收敛问题的研究越来越多。新古典增长模型假定了资本的边际报酬递减，如果区域或者国家之间的技术进步比较一致，那么经济落后的国家或者地区会比经济发达国家有着更大的经济增长速率。由此可以断定，虽然在初始时经济落后，但是经过一定时间后，经济落后的国家或者地区可以赶上经济发达国家并实现经济发展趋同。

新增长理论对经济收敛的看法与新古典增长理论不同。新增长理论认为，

技术进步的作用很大，它可以克服边际收益递减的问题，从而达到规模报酬不变甚至是报酬递增。所以，若各国家或地区技术进步水平不同，经济很可能会无法收敛而呈现发散状态。

为了检验这两种理论的正确性，学者对国家和地区经济收敛性问题做了大量的实证研究，但是由于所选的方法不同因而经济收敛的结果也不一致。

通过对经济增长和技术进步水平收敛的文献的阅读，文献中所采用的研究和判断经济或者技术收敛性的方法，大体上可以分为横截面数据回归法、时间序列分析法、分布动态分析法、统计指标分析法四种类型。在这四种方法中，横截面或面板数据回归法也被称为β收敛法，是比较早时采用的方法，也是文献中使用较多的方法。检验的原理就是当经济的初始水平与经济增长速度成反比时经济就会收敛。β收敛法存在两种情况：β绝对收敛与β条件收敛（也称为俱乐部收敛）。β绝对收敛估算的公式如下：

$$\frac{\ln y_{it}-\ln y_{i0}}{T}=a+\beta\ln y_{i0}+e_{it} \tag{3-10}$$

这里，T表示实现收敛所需要的时间。

本书将全要素生产率作为技术的指标，将全要素生产率的增长率作为技术进步的指标，用索罗残差法进行测算。本书假定规模报酬不变，$\propto+\beta=1$。

在此约束下，可以将估计式表达为

$$\Delta\ln\left(\frac{Y}{L}\right)_{it}=a_{it}+\propto\Delta\ln\left(\frac{K}{L}\right)_{it}+u_{it} \tag{3-11}$$

再根据$\propto$的估算值代入上一步，计算出全要素生产率及其增长率：

$$TFP=\ln\left(\frac{Y}{L}\right)-\propto\ln\left(\frac{K}{L}\right) \tag{3-12}$$

在这里，用全要素生产率来衡量技术水平，并运用66个国家1990—2013年24年间的全要素生产率的测算结果，对全要素生产率的收敛性进行检验。对模型中的变量进行基本的统计分析，并对模型进行分组，然后检验其收敛性。其中，全部样本国家（66个）为一组，OECD国家（30个）为一组，发展中国家为一组（36个）。收敛性检验要先检验绝对收敛，再检验条件收敛。

表 3-1 是 66 个国家的基本统计情况，包括 30 个 OECD 国家和 36 个发展中国家（见表 3-2、表 3-3）。其中，*tfp* 表示全要素生产率，*tfpg* 表示全要素生产率的增长率，*k* 表示人均资本存量，*i* 表示人均投资额，*p* 表示申请专利居民数占劳动力总数的比重，*RD* 表示研究开发支出占当年 GDP 的比重，*rdp* 表示科学家及科研人员占人口数的比重。*p*、*RD* 和 *rdp* 作为创新的指标，用百分数表示；*tgap* 表示技术差距，用美国与各国家的劳均产出水平的比值衡量；*ssch* 与 *usch* 分别表示中学入学率与高校入学率，是人力资本的指标，用百分数表示；*twonlevel* 表示城市化水平，是产业结构的指标，用百分数表示；*twonv* 表示城市化增长率，是产业结构变化的指标，用百分数表示；*trade* 表示贸易额与当年 GDP 的比值，用百分数表示。

表 3-1　全部国家的基本统计量描述

Variable	Obs	Mean	Std. Dev.	Min	Max
tfp	1584	1594. 595	1495. 008	36. 6545	7378. 899
tfpg	1518	0. 009494	0. 0502917	-0. 6009423	0. 2106776
ln*k*	1584	10. 0572	1. 539264	6. 474867	12. 52033
ln*i*	1584	7. 921967	1. 535829	3. 840262	10. 56322
p	1584	0. 0309663	0. 0309663	0. 000	0. 612484
RD	943	1. 095408	0. 979734	0. 03017	4. 16616
rdp	721	0. 2319248	0. 1927086	0. 0014401	0. 800351
ln*tgap*	1584	6. 424298	1. 518375	3. 824486	9. 742611
ln*trade*	1584	4. 258416	0. 515207	2. 723858	5. 917387
ln*twonlevel*	1584	4. 053755	0. 3724564	2. 906737	4. 582679
twonv	1584	1. 500657	1. 453918	-2. 80675	12. 7564
ln*ssch*	1584	4. 397933	0. 3750951	2. 905134	5. 10946
ln*usch*	1584	3. 335785	0. 8249701	0. 415092	4. 773337

表 3-2　OECD 国家的基本统计量描述

Variable	Obs	Mean	Std. Dev.	Min	Max
tfp	720	2952. 485	1199. 935	835. 3778	7378. 899
tfpg	690	0. 0090371	0. 0263533	-0. 1383562	0. 0859291
ln*k*	720	11. 47956	0. 644921	9. 062011	12. 52033
ln*i*	720	9. 36386	0. 6112848	7. 173965	10. 56322
p	720	0. 0630069	0. 1092613	0. 0007059	0. 612484
RD	484	1. 772576	0. 91196	0. 25641	4. 16616
rdp	484	0. 3245097	0. 1710348	0. 0204668	0. 800351
ln*tgap*	720	4. 975493	0. 5933427	3. 824486	6. 519993
ln*trade*	720	4. 231828	0. 5363746	2. 767827	5. 917387
ln*twonlevel*	720	4. 315065	0. 1499881	3. 869429	4. 582679
twonv	720	0. 9303777	0. 7579336	-1. 423209	5. 070106
ln*ssch*	720	4. 631735	0. 1771386	3. 917719	5. 10946
ln*usch*	720	3. 828911	0. 5501678	1. 524183	4. 773337

表 3-3　发展中国家的基本统计量描述

Variable	Obs	Mean	Std. Dev.	Min	Max
tfp	864	463. 02	463. 02	36. 6545	1314. 738
tfpg	828	0. 0098747	0. 0637228	-0. 6009423	0. 2106776
ln*k*	864	8. 871896	0. 9513669	6. 474867	11. 01582
ln*i*	864	6. 720389	0. 913977	3. 840262	8. 497456
p	864	0. 0042658	0. 0070567	0	0. 088117
RD	459	0. 3813574	0. 3187644	0. 03017	2. 123804
rdp	242	0. 0486677	0. 0465558	0. 0014401	0. 196296
ln*tgap*	864	7. 631635	0. 8514828	6. 026445	9. 742611
ln*trade*	864	4. 280573	0. 4961041	2. 723858	5. 395476
ln*twonlevel*	864	3. 835996	0. 3623207	2. 906737	4. 42138
twonv	864	1. 97589	1. 70336	-2. 80675	12. 7564
ln*ssch*	864	4. 203097	0. 385131	2. 905134	4. 707402
ln*usch*	864	4. 707402	0. 790099	0. 415092	4. 378291

从估算的全要素生产率（TFP）结果来看，OECD 国家的 TFP 显著高于发

展中国家。从平均水平上比较，前者是后者的6倍多。从最大值、最小值来看，OECD国家中TFP最小的国家也与发展中国家中TFP最大的国家相差不多。将全要素生产率作为技术水平的指标，那么，OECD国家的技术水平要远远超过大多数的发展中国家。

对人均资本存量 $\ln k$ 与人均资本流量 $\ln i$ 进行比较，OECD国家都要高于发展中国家，这说明前者资本深化的速度要远远快于后者，前者资本—劳动比与投资—劳动比都高于后者。通过对资本投资与技术进步的分析可以看出：更多的资本和资本投资使发达国家更有能力在技术上进行投资，从而扩大技术优势，在世界经济中得到技术垄断的地位。

p 是专利数占比，用于表示创新强度指标。正如人们预期的那样：OECD国家 p 的平均水平是发展中国家平均值的16倍，RD 是发展中国家平均值的4.5倍，rdp 是发展中国家平均值的8倍。这三个指标都曾被用来表示创新水平或者创新强度。从这三个指标可以看出，OECD国家的创新投入要远远大于发展中国家。

劳均产出代表人均生产率水平。美国的劳均产出是发展中国家平均水平33倍以上，是最低产出水平国家的170倍以上。将它作为技术差距的指标引入后面的实证分析中，可以很好地反映人均生产率水平对于技术水平的影响。

在城市化水平方面，OECD国家的最值和平均值均大于发展中国家，而后者的增长率则超过了前者1.4个百分点。从贸易衡量国家开放程度上看，发展中国家与OECD国家相差并不是太大，这说明发展中国家也是世界经济与全球化贸易的积极参与者。

绝对收敛的检验模型为

$$\frac{\ln tfp_{it}-\ln tfp_{i0}}{T}=a+\beta\ln tfp_{i0}+e_{it} \tag{3-13}$$

这里共有三个模型（1、2、3），分别是对样本中所有国家（66个）、OECD国家（30个）和发展中国家（36个）采用面板数据进行回归的 β 绝对收敛检验。其结果如表3-4所示：

表 3-4　β 绝对收敛检验

模型	模型 1	模型 2	模型 3
	全部国家：66 个	OECD 国家：30 个	发展中国家：36 个
收敛系数	0.000（0.02）	-0.062^{***}（-3.44）	0.012（0.57）
cons	0.019（0.19）	0.511^{***}（3.57）	-0.046（-0.39）
样本数	264	120	144

t statistics in parentheses

注：$^{*}p<0.1$，$^{**}p<0.05$，$^{***}p<0.01$。

在回归中，为了更好地克服经济周期和衡量偏误对估计结果的影响，可以先对数据的每几年的值求均值，再用面板固定效应回归分析来检验 β 收敛。本书采用第 5 年的均值，用面板固定效应回归的方法进行收敛检验。从估计结果来看，全部国家样本估计模型中回归系数为正且不显著，可以断定不存在绝对 β 收敛；而 OECD 样本国家回归系数为负且显著，存在绝对 β 收敛；发展中国家回归系数为负但不显著，不存在绝对 β 收敛，虽然 β 系数为负值，但是没有通过显著性检验。

再对全部国家和欠发达的样本国家进行条件收敛检验，模型设定为

$$\frac{\ln tfp_{it}-\ln tfp_{i0}}{T}=a+\beta\ln tfp_{i0}+mx_{it}+e_{it} \tag{3-14}$$

模型中，x_{it} 表示对收敛可能产生影响的变量组合。在检验时，将资本存量与流量、专利、技术差距、高低两种人力资本、对外贸易水平、城市化率、研发支出、科学家及工程师所占的比重等作为可能影响收敛的变量引入模型中进行分析，回归的结果显示：β 的系数在模型 2 之外的另五个模型中都是显著为负，这说明对于全部国家来说条件收敛是存在的。

将可能会影响技术收敛的因素引入条件收敛模型中进行检验，结果如表 3-5 所示。

表 3-5 条件收敛检验

模型	模型 1	模型 2	模型 3	模型 4	模型 5	模型 6
收敛系数	−0.088** (−2.49)	−0.114 (−1.48)	−0.202*** (−5.32)	−0.204*** (−3.58)	−0.268*** (−4.20)	−0.291* (−1.86)
ln*k*	−0.041*** (−2.90)	−0.049* (−1.80)				
p	−0.071 (−0.54)	0.136 (0.09)				
lnt*gap*	−0.123*** (−3.21)	−0.156* (−1.82)	−0.158*** (−3.76)	−0.137** (−2.08)	−0.264*** (−5.37)	−0.334** (−2.79)
ln*ssch*	0.047* (1.92)	0.066 (1.59)	−0.055* (−1.89)	−0.122** (−2.16)	−0.074*** (−2.16)	−0.135* (−2.07)
ln*usch*	−0.002 (−0.15)	0.002 (0.12)	0.013 (0.99)	0.043* (1.73)	0.01 (0.68)	0.057 (1.50)
ln*trade*	0.048*** (2.83)	0.049* (1.90)	0.01 (0.59)	−0.009 (−0.32)	0.011 (0.63)	0.024 (0.67)
ln*twonlevel*	0.021 (0.37)	−0.013 (−0.14)	0.117* (1.68)	0.246** (2.02)	0.072 (1.09)	0.091 (0.62)
ln*i*			0.012 (0.82)	0.017* (0.65)	−0.022 (−1.43)	−0.084** (−2.25)
RD			−0.015 (−1.19)	−0.071* (−1.61)		
rdp					−0.015 (−0.35)	0.054 (0.20)
cons	1.339** (2.49)	1.874 (1.58)	2.016*** (3.35)	1.670* (1.75)	3.662*** (4.70)	4.824** (2.51)
样本数	264	144	176	88	140	52
样本中的国家数	66	36	62	32	53	23

t statistics in parentheses

注：* $p<0.1$，** $p<0.05$，*** $p<0.01$。

从模型（1，3，5）实证结果来看，引入这些影响因素后，全部国家的技术水平是条件收敛的，这说明这些因素会对技术收敛产生影响。第二章的分析已经证明了技术的路径不是连续的，而是存在着两个均衡点：一个是模仿均衡点，另一个是创新均衡点。技术收敛是否成功取决于技术发展中国家能不能从模仿均衡点向创新均衡点跃升。本章通过对技术收敛性的检验，证明了 OECD 国家的技术绝对收敛是存在的，而全部国家样本则不存在绝对收敛，只存在条件收敛，这与第二章的结论相符，即 OECD 国家在创新均衡点附近达到均衡，它们的技术水平收敛于创新均衡点。

与第二章结论不符的地方在于：第二章的结论是发展中国家会有一个收敛于模仿均衡点的趋势，但在对发展中国家样本组进行绝对收敛检验时，系数虽然为负但没有通过 10%的显著性水平的检验。这可能与发展中国家之间的技术水平差距较大有关。从表 3-2、表 3-3 基本统计描述中全要素生产率的最大值与最小值之间的差距来看，OECD 国家相差不到 9 倍，但发展中国家两个最值之间存在着 30 多倍的差距；两者对比后可以发现，发展中国家间技术水平的差距要大于 OECD 国家。

总体样本国家不存在绝对收敛但存在着条件收敛，发展中国家的技术水平存在着条件收敛，技术水平更高的 OECD 国家存在着绝对收敛。从实证检验的结果来看，与图 2-3 所刻画的技术赶超路径不连续的结论基本一致。

三、影响条件收敛的因素

在收敛性检验时，总体样本国家不存在绝对收敛。将资本存量与流量水平、专利数量、与美国技术的差距、高低两种人力资本、对外贸易水平、城市化率、研发支出、科学家及工程师所占的比重等因素作为可能影响收敛的变量引入模型，检验发现：总体样本国家存在着条件收敛。OECD 国家间技术水平高于发展中国家的水平，并且存在着绝对收敛。这说明这些影响因素能在发展中国家技术赶超 OECD 国家中起到重要的影响作用，因为它们在发达国家技术收敛中发挥着重要作用，所以在发展中国家技术赶超中，对这些影响收敛的因素要有足够的重视。在技术水平发展的不同阶段，发展中国家只要充分、有效地利用这些因素对本国技术进步的作用，发挥它们在技术收敛中的最大作用，那么，技术赶超是可以实现的。

下面会对这些影响因素展开进一步分析，以此来说明它们在发展中国家技术赶超中的作用及其对技术进步的影响。

第二节 影响由模仿向创新转型的要素

第二章的理论模型分析指出，技术赶超的过程中存在着两个均衡——模仿均衡和创新均衡。创新均衡是高技术水平与中间产品高价值水平的均衡点，也是发展中国家技术赶超的目标。发展中国家的技术水平会收敛于模仿均衡，要实现国家技术赶超的目标，发展中国家需要由模仿向创新转型。在对技术收敛进行检验时发现，全部国家间技术水平不存在绝对收敛，而在引入资本存量、技术差距、创新水平、人力资本等因素后，国家间技术水平是可以实现条件收敛的。可以说，正是这些因素影响了技术赶超的实现，也正是这些因素使发展中国家成功实现从模仿向创新的转型。本节将会对这些影响因素展开进一步的介绍，并分析它们对发展中国家技术进步与技术赶超的影响作用。

一、资本积累与投资水平

传统的增长模型（Ueda，1971；Wake，1977；Anderson，1990）大都是从生产要素的角度来研究经济增长问题，而生产要素被划分为两个大类：劳动力与资本存量。事实上，无论从经验数据方面还是实证研究方面，均不难发现这样的结论：在一定的时期内，有着丰富的资本和充裕劳动力的国家总是有着良好的经济增长表现；而在那些资本匮乏或劳动力严重短缺的国家，经济增长表现比较缓慢；至于两种要素都严重不足的国家，其经济发展更加缓慢甚至出现长期倒退。资本主义国家的经济发展大都要经历一个资本积累的过程，从早期的殖民扩张、海盗抢劫、奴隶贸易、圈地运动再到后来剥削工人的剩余价值扩大生产规模，同时不断地拓展世界市场等做法，这些都使货币资本迅速地集中在少部分人手中，从而实现资本的原始积累。伴随着这一原始积累过程，资本主义国家的产出增长明显，生产率有了大幅度的提升。

现在的发达资本主义国家大都经历过这一过程，由此可见资本积累的重要性。

OECD 国家等发达国家都拥有相对充裕的资本，而发展中国家则更多地表现为劳动力充裕、资本相对不足。生产要素的数量与质量以及要素在生产中的结合和使用水平对产出有着极为重要的影响，这一点在经济增长研究中已经得到充分证实。从上面的理论模型来看，资本在技术水平提升方面起着重要的作用。当资本匮乏时，厂商在投入生产的同时很难再有资本投资于研究与开发和技术引进；有了更多的资本投入，厂商就有可能将更多的资本投资于技术部门，从而推动技术进步。因此，投资不但直接影响着产出，同时资本的丰裕程度也会影响技术进步与技术水平。

从发展中国家特别是实施技术赶超国家的政策和发展方针上，可以看出他们对资本的重视。一些发展中国家会通过降低劳动力的价格、降低利率、对农产品与工业制成品间实行剪刀差、提高工业商品的售价等手段降低企业的生产成本，以此实现企业利润水平的提高，从而为企业扩大再生产以及进行技术投资提供资本方面的支持。在本书中，我们把资本与劳动力的比值即劳均资本量作为资本丰裕程度的指标。根据上面的分析，在这里把资本的丰裕程度对技术进步的作用假定为正向的。

二、人力资本与教育

人力资本这一概念最早由舒尔茨于 1960 年提出。人力资本可定义为：它是指以人为载体，体现在劳动者身上的知识、技能、健康等各方面由投资得到的能力。而对人力资本的投资能够提高人力资本的存量，可以通过正规的学校教育、职业培训、健康保健投资，以及迁移等方式进行。

舒尔茨从人力资本角度来分析经济增长。他指出：“一个和美国有着相同的物质资本以及相同的生产技术水平的国家，如果它的发展受到以下的约束：很少有人受过正规的职业培训，没有人受过正规的学校教育，职员们对本职业以外的知识都不甚了解，并且人均寿命很短。这样的国家即使在初期有着和美国相同的经济与技术水平，但以后经济发展中的产出下降，技术水平的下降是可以预见的。”

舒尔茨认为，实物资本不能完全解释国家间收入差距的问题，人力资本理论的提出是研究经济增长问题上一个重要的理论发展。人力资本与经济增长方面的研究文献非常多，一些文献在对发展中国家的教育收益情况进行研究时发现：一个人的受教育程度与他的收入呈显著的正向关系，而收入水平在一定程度上反映着生产率水平。

在按照索罗残差法核算的全要素生产率中，生产率水平与全要素生产率有着显著的关联，较高的生产率水平总是与较高的全要素生产率相对应，而较低的生产率水平总是与较低的全要素生产率相对应，因此，人力资本与技术水平有着很强的关联性。

学者将人力资本纳入内生增长模型来研究增长问题时存在一定的争议。一些学者认为，人力资本是直接出现在生产函数中的，是作为生产要素直接作用于产出。另有学者认为，人力资本不是作为生产要素直接出现在生产函数中的，不能直接作用于产出，它是通过技术要素而作用于产出的，也就是说，人力资本通过提高技术水平从而提高产出水平。还有一些学者采用折中的办法，认为人力资本的作用既能直接体现在产出中，也能通过提高技术水平进而提高产出。本书将要验证的一个问题：人力资本是否对于技术水平进步有着正向的作用。

Spiegel、Benhabib（1994），Vandenbussche、Aghion 和 Meghir（2006）等学者在对创新进行研究时都提出了人力资本的重要性。他们在研究中指出，创新对高人力资本的需要大于模仿，高人力资本在创新中的作用大于低人力资本的作用。创新不仅需要资本的投入，还要有相应的高人力资本的投入。

本书在实证部分把教育作为人力资本的代表指标，用来分析人力资本对技术进步的影响。现有的研究表明，人力资本对技术进步的影响受到结构和经济发展阶段的影响，可能还存在一定的阈值。本书尝试用中学入学率与高校入学率来作为人力资本的指标，这里假定人力资本对技术进步的影响为正。

三、技术差距

20 世纪 60 年代，波西纳（M. Posner）和胡夫鲍尔（Hufbauer）从技术差距的角度来分析国际贸易与国际技术转移，提出了技术差距理论。该理论认为，已经完成技术创新的国家将在一定的时期内取得技术上的领先优势，从而在某种产品的生产上处于垄断地位，与不掌握此项技术的国家拉开技术差距，由此导致这项技术产品需要开展国际贸易。在国际贸易中，为了进一步追求利润，拥有此项技术的国家会通过一定的方式和途径进行技术转让，而由于这个产品在国际贸易中具有示范效应，其他国家可能通过自主创新、模仿等方式掌握这项技术，从而缩小技术上的差距。

由于世界技术发展的不平衡，技术存在二元结构。发达国家位于技术的“中心”，发展中国家位于技术的“外围”，发达国家与发展中国家的技术差距表现为双重差距：“技术积累差距”与“技术转移差距”。前者主要表现在发展中国家对引进技术的消化与吸收存在困难与差距；后者主要表现在转让技术与发展中国家所需要的技术不一定完全适应。

曼斯菲尔德（1984）将国际技术转移分为两类：垂直技术转移与水平技术转移。前者是指将某国的科研成果应用于另一国的生产中；后者是一国将已经应用于生产的技术转移到另一个国家。Bozeman（2000）将技术转移分为简单国际技术转移和技术吸收两类，并认为只有技术吸收才是“真正的技术转移”。

技术赶超理论的一个核心支撑是在良好的技术转移状况下，模仿一项技术比创新一项技术的成本更低，因此，发展中国家与发达国家之间存在的技术差距也可以成为发展中国家的后发优势。发展中国家可以充分利用这种后发优势，通过模仿获得更快的技术水平的提升，缩小与发达国家的技术差距。然而，实际的情况是，大多数发展中国家采用模仿这种方式并没有缩小与发达国家之间的技术差距，有些国家甚至还发生了差距扩大的情况。

正如本章的理论模型所阐释的，技术差距对技术发展中国家的影响会因为技术差距的不同而产生差别。在技术差距比较大时，发展中国家的技术赶超比较明显；但当两国的技术差距达到一定值时（如图 2-3 中的模仿均衡点），技术模仿的难度加大，技术转移中的“技术积累差距”明显。

以往的学者已经论证了技术差距对技术进步的影响并非线性，但本书认为技术差距对技术进步有着正向影响。

四、国际贸易

在对国际贸易的看法上，有学者（Mundell，1957；Cantwell，1986；Krugman，1979；Levine and AntonioFeenstra，2003，2004；贺力平，1989；张仲深，1996；刘学武，2000；杨凤鸣，2011；王子先，2012；等等）认为国际贸易是增长的“引擎”，也有学者（Snowdon，1988；张韧，2006；张觉力、王文龙，2002；程帅帅，2010；陈昭、叶景成，2012）认为国际贸易是增长的“侍女”。

这一观点出现的主要原因是发展中国家参与国际贸易后，其经济发展表现出了不同的特点：有些国家通过积极发展国际贸易，实现了经济增长，提高了技术水平，例如，中国香港、中国台湾、新加坡与韩国“亚洲四小龙”；而另一些国家则在国际贸易中经济发展缓慢，甚至较长时期内技术水平得不到提高，只能出口初级产品进口工业制成品，经济发展水平不理想。

从产品的销售与生产要素的流动上来看，加强国际贸易对发展中国家是有利的，特别是一些在经济增长的初期通过降低生产要素价格、提高工业品价格来提高企业利润的赶超国家。长期的经济快速增长及赶超可能会导致供需不平衡、国内有效需求不足的情况，进而导致产能相对过剩。如果供需矛盾得不到解决，企业利润的提高与技术水平的提高都会面临困难。此时，可以通过大力发展国际贸易等方式来扩大市场规模，从而解决供需矛盾。

从国际贸易对于技术水平的增长方面来看，国际贸易加强了技术的国际扩散。通过与发达国家之间商品与服务的贸易，发达国家的生产技术就有可能向发展中国家扩散。同时，国际贸易的发展也能让中间品厂商通过专业化和规模化生产提高利润，借助于国际分工与合作实现技术的进步。

五、产业结构

农业、工业、服务业这三大产业间技术发展水平往往存在着不平衡，在发展中国家，这一情况尤为突出。这种不平衡性表现为农业的全要素生产率比较低，而工业和服务业的全要素生产率较高。库兹涅茨（Kuznets，1986）从数据中发现，不同国家在经济发展过程中有着共同的结构变迁特征：第一产业（农业及围绕农业而形成的手工业等行业）在经济中所占的比重在不断地下降，而第二产业（制造业与工业）和第三产业（现代服务行业）比重在不断上升。

发达国家的工业化开始后，第一产业的份额显著下降，在最初几十年间占 GDP 的 40%，到 20 世纪 60 年代后，这一比重已经下降到 10%以下；而第二产业从最初的 25%左右上升到 40%～50%，服务业的份额一直在缓慢增长。20 世纪 60 年代以来，高收入国家的结构继续变化，此时的特征是第一、第二产业的比重都在下降，服务业比重上升明显，出现了产业结构的非工业化趋势。20 世纪 90 年代末到 2013 年的变化如表 3-6 所示。

表 3-6　产业结构变化　（单位:%）

三大产业	农业增加值				工业增加值				服务业增加值			
年份	1997	2003	2008	2013	1997	2003	2008	2013	1997	2003	2008	2013
高收入国家	2.2	1.8	1.5	1.6	28.5	26.1	26.0	24.5	69.3	72.2	72.5	73.9
高收入经合组织国家	2.0	1.6	1.4	1.5	27.8	25.2	25.2	23.7	70.1	73.2	73.4	74.8
高收入非经合组织国家	4.7	4.0	3.0	2.7	39.4	37.8	39.0	38.3	55.9	58.3	58.0	59.1
中高等收入国家	12.3	9.4	7.7	7.5	38.3	37.9	39.2	36.4	49.4	52.8	53.1	56.1
中等收入国家	15.3	12.3	10.2	10.0	36.3	35.9	37.5	35.1	48.4	51.8	52.3	54.8
中低收入国家	15.7	12.6	10.5	10.3	36.0	35.7	37.2	34.9	48.3	51.7	52.2	54.7
中低等收入国家	23.8	20.5	17.5	17.1	30.4	30.4	32.4	31.4	45.7	49.1	50.1	51.1
低收入国家	41.5	32.9	33.5	32.4	18.0	21.5	21.1	21.3	40.4	44.8	45.5	46.3
世界	4.6	3.7	3.1	3.1	29.8	27.8	28.0	26.4	65.6	68.5	69.0	70.5

资料来源：World Bank（http：//data. worldbank. org. cn）。

由表 3-6 可知，高收入国家第一产业增加值占 GDP 的比例总体呈下降趋势，从 1997 年的 2.2%下降到 2013 年的 1.6%；第二产业增加值的比例也从 1997 年的 28.5%逐渐减少到 2013 年的 24.5%；而第三产业增加值的比例却从 1997 年的 69.3%逐渐增加到 2013 年的 73.9%，上升趋势非常明显。中等收入国家第一产业增加值占 GDP 的比例逐渐下降，从 1997 年的 15.3%下降到

2013 年的 10.0%；第二产业增加值的比例从 1997 年的 36.3%下降到 2003 年的 35.9%再下降到 2013 年的 35.1%，变化虽然缓慢但却一直都在减小；第三产业增加值的比例则呈现上升趋势，从 1997 年的 48.4%上升到 2003 年的 51.8%再上升到 2013 年的 54.8%。低收入国家第一产业增加值占 GDP 的比例明显降低，从 1997 年的 41.5%下降到 2013 年的 32.4%；第二产业增加值占 GDP 的比例从 1997 年的 18.0%上升到 2008 年的 21.1%再上升到 2013 年的 21.3%，说明低收入国家正在启动工业化；与此同时，第三产业增加值占 GDP 的比例与高收入国家和中等收入国家一样都在增加，从 1997 年的 40.4%逐渐增加到 2013 年的 46.3%。总体来看，第一产业增加值占 GDP 的比例全部降低，而第三产业增加值占 GDP 的比例全部升高。

由表 3-6 的数据可以看出，近 20 年世界经济结构的发展与库兹涅茨（Kuznets）的结论十分吻合。他认为，从长期角度看，经济的发展与结构变迁有着密切关联。他还指出，发达国家的产业结构相对合理，三大产业部门间的生产率水平相差不明显，而发展中国家三大产业部门间生产率的差距较大。由此他认为，经济发展除了直接的技术提高外，结构差距本身也是经济发展的动力。由于不同部门间的生产率不同，所以有理由认为，经济中产业结构的变化对于国家技术水平的变化是有影响的；而且还可以假设，结构越合理越有利于技术水平的提高。

六、创新的效率与创新的环境

从专利的角度来看，中国的创新显然是世人瞩目的。中国自 2013 年以来专利申请数量已经超越美国成为世界第一，发明专利数量也已经达到世界第一的水平。然而，也有数据显示，中国的专利数量虽然多，有价值的专利数量却并不多。从国际上公认的、比较能反映一国创新水平的三方专利数不难发现，中国与发达国家在创新的水平上还存在着较大的差距。OECD 统计显示，法国、韩国、德国、美国、日本是三方专利数较多的发达国家，占比达到了 78%左右。它们的三方专利数分别占全球总数的 4.6%、5.94%、10.23%、27.06%、29.7%。而中国这一数据只有 3.3%。将三方专利数与

R&D 经费投入比值作为创新的效率，那么法、韩、德、美、日的创新效率分别是中国的 8.75 倍、9 倍、10.3 倍、6.02 倍、18.75 倍。这些国家中日本的创新效率最高，最低的也达到了中国创新效率的 6 倍以上。可见，中国的创新效率远远低于几个主要的发达国家。

中国是一个数量上的“创新大国”，并不是一个质量上的创新强国。中国的创新效率显然低于发达国家。从本书的理论模型不难发现，创新效率低下会加大创新的成本，而创新成本的加大会让更多的企业选择模仿，而不是创新来获得技术，从而给模仿向创新的转型增加难度。图 3-2 所示的是几个国家人均专利数的对比：

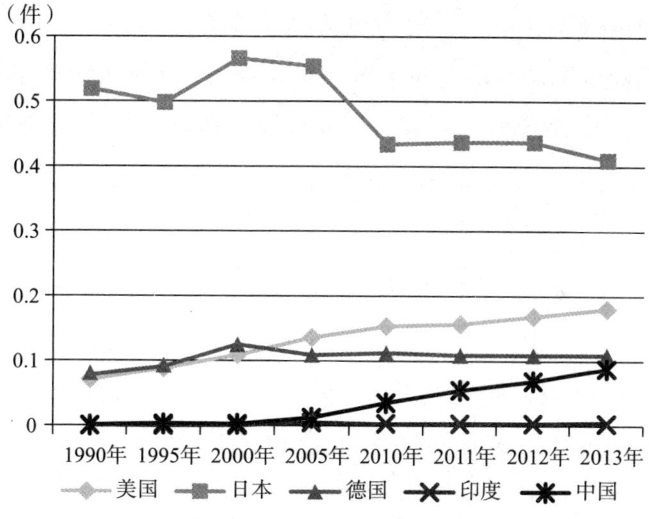

图 3-2　人均专利数

技术发达国家的高创新效率与良好的创新环境是分不开的。在专利的保护和实施上，发达国家比发展中国家经验更多。再者，发达国家的市场化程度更高，也为创新提供了良好的环境。更好的创新环境能够使创新成本下降，又能使创新效率得到提高。因此，可以假定良好的创新环境对于技术进步有着正向影响。

在理论分析的基础上，对转型中需要改变的技术要素和需要增加的新技术要素以及技术进步可能产生的影响，从投资、人力资本、R&D 支出、专利、科学家及科技人员数量、与世界前沿国家的技术差距、国际贸易与城市化水平等角度进行分析。分析认为，投资在过渡阶段的作用和以前一样是能促进技术进步的；而人力资本异质性、高与低两种人力资本的作用会有所不同，过渡阶段对高人力资本的需求会更加明显，而低人力资本在这个阶段的作用将会降低；过渡阶段需要更多的 R&D 支出，它对技术进步的作用要比以前显著；专利的增加对技术水平的提高作用不确定，但它肯定产生一种正向的影响，科学家及科技人员数量增加的作用也是正向的。

国际贸易代表的国际技术溢出作用是正向的，因为即使是发达国家也会在国际贸易中获得技术上的溢出。城市化率代表的产业结构调整能反映发展中国家的产业结构调整情况，因为更多的工业企业会在城市及城市的附近，相应的产业集群也会在城市及周边地区出现，所以城市化率的提高能有效地将劳动力从第一产业向第二、第三产业转移，所以它的影响仍然是正向的，但对处于第二个均衡点及附近位置的国家而言，它的作用可能刚好相反。

第三节　本章小结

本章内容共分为两部分。第一部分是对 66 个样本国家技术收敛性进行检验。这一部分采用跨国数据对 66 个国家的全要素生产率及其增长率进行估算，其中包括 30 个 OECD 国家和 36 个发展中国家。采用的方法是面板数据绝对收敛和条件收敛的 β 检验。检验结果显示，OECD 国家之间技术绝对收敛，发展中国家之间和总体样本国家间不存在绝对收敛，但存在着条件收敛。从检验的结果可以看出，发展中国家与 OECD 国家之间的收敛是存在的。但这种收敛是条件收敛，在引入相关的变量后技术达到了条件收敛。这说明两点：①技术赶超的可行性；②技术赶超是有条件的，并不是绝对能实现的。

发展中国家是以模仿为主导的国家，而 OECD 国家是以创新为主导的国家。OECD 国家技术的绝对收敛表明发达国家的技术水平会收敛于一个均衡，同时发展中国家的技术也会收敛于一个均衡。根据两类国家采用的技术进步主导模式，可以认为发达国家技术收敛于创新均衡，发展中国家技术收敛于模仿均衡。技术收敛检验的结果证明了本研究提出的技术赶超路径并不是连续的，技术会向模仿与创新两个均衡点处收敛。

第二部分是对第一部分国家间技术水平条件收敛检验时引入的变量展开进一步分析。分析主要关注的是这些变量对技术进步的影响作用，以及在发展中国家与发达国家中这些变量对技术进步可能存在的不同影响作用。这些变量的引入能使发展中国家与 OECD 国家实现技术收敛，所以，这些影响收敛的要素对技术由模仿向创新转型必然有着重要影响。

本章研究发现，资本积累与投资水平、技术差距、国际贸易、产业结构、创新水平等都会对由模仿向创新的转型产生影响。

第四章　转型要素对技术进步的影响差异

上一章分析了影响技术转型的要素，并分析了这些影响要素对技术进步的作用。技术赶超的实现必然要求发展中国家技术进步的持续增长。在模仿和创新阶段，这些转型的要素对技术进步的作用可能不同。如果发展中国家的技术发展处于模仿阶段，发达国家的技术发展处于创新阶段，那么，这些要素对技术进步的作用在发达国家和发展中国家中会不会有所差异？这些要素自身的发展水平不同，对技术的影响作用是否存在着差异？这两个问题都是宏观层面的问题。微观是宏观的基础，那么，微观层面企业的技术转型会受哪些因素的影响？这三个问题正是本章的实证研究试图解决的问题。

第一节　转型要素对不同类型国家技术进步的影响

本节同样把第三章检验国家间技术收敛的 66 个样本国家分为两组：一组是由 30 个 OECD 国家组成的样本，另一组是由 36 个发展中国家组成的样本。在这两组国家中，发展中国家技术进步的主导模式是模仿，而 OECD 国家技术进步的主导模式是创新。这样认为的依据是 OECD 国家的人均研发支出水平，每万人中的科学家和科技人员的数量、人均的专利水平以及用专利与研发支出的比值来衡量的创新效率都要远超发展中国家。这些影响技术赶超中模仿向创新转型的要素，在这两种国家中对技术进步的影响存在差异。发展中国家可以充分发挥这些因素的作用，在模仿阶段提高技术水平，并在模仿向创新转型时提高创新水平，推动技术持续进步。

一、实证模型设定与数据和方法选择

（一）模型的设定

本书实证分析沿用了尼尔森、菲尔普斯（Nelson and Phelps，1966）对技术进步与教育间关系的假设，假设的重点是教育程度和前沿距离间的交互对技术进步的影响。豪维特（Howitt，2000）与格里菲斯（Griffith，2003）等也有类似的观点，在此基础上，他们还认为 R&D 强度及 R&D 强度与前沿距离的交互项在经济增长中起着重要作用。

首先，考虑下面符合 Nelson 和 Phelps（1966）假设的方程。该方程刻画了受教育程度（SCH）与 TFP（全要素生产率）增长（$\dot{A}_t/A_t$）之间的关系。在他们的模型中，TFP 增长是受教育程度的增函数，并与技术理论（T_t）和实际（A_t）水平之差成正比。

$$\frac{\dot{A}_t}{A_t}=\varphi(SCH)\left(\frac{T_t-A_t}{A_t}\right),\phi(0)=0,\phi'(SCH)>0 \tag{4-1}$$

在一段时间间隔中，允许技术的实际水平与理论水平之差影响 TFP 增长。该方程相应的实证形式可以以公式表示（Benhabib and Spiegel，1994）：

$$\frac{\dot{A}_t}{A_t}=\varphi(SCH)\left(\frac{A_{t-1}^{max}}{A_{t-1}}\right) \tag{4-2}$$

在这里，A^{max} 是技术前沿国家的 TFP。从式（4-2）可知，越远离技术前沿的国家，若有足够高水平的受教育程度或吸收能力来利用落后优势，那么，其增长潜力就越高。这符合 Gerschenkron（1962）对后发优势的假设，即发展中国家拥有越来越多受过教育的劳动力，那么它就能够通过模仿来充分利用发达国家的技术，追赶世界技术前沿。同样地，Easterlin（1981）也指出，历史上生产力较强的国家使用的技术比较类似。比如，日本在明治维新时期利用西方技术实现了现代化，这说明发展中国家如果能够将发达国家的技术吸收和转化为本国的可用技术，那么必定会提升本国的技术水平并使得本国的技术水平趋同于世界前沿技术，由此可以看出教育和技术差距对技术收敛有着比较重要的意义。

基于熊彼特增长模型的观点，Howitt（2000）和 Griffith 等（2003）进一步强调了模仿国外技术和创新对经济增长的重要作用，证明了国内 R&D 活动不仅刺激了 TFP 增长，同时还会促进技术转化。R&D 对经济增长中的影响可以用式（4-3）来验证：

$$\frac{\dot{A}_t}{A_t}=\alpha\left(\frac{X}{Q}\right)_{t-1}+\beta\ln\left(\frac{A^{\max}}{A}\right)_{t-1}+\chi\left(\frac{X}{Q}\right)_{t-1}\ln\left(\frac{A^{\max}}{A}\right)_{t-1} \tag{4-3}$$

在这里，X 是 R&D，Q 是产品种类，代表产品多样性；X/Q 是 R&D 强度。

熊彼特模型具有规模效应，该效应表现在第一代内生增长模型中。然而，为克服 Jones 批判而允许产品扩散效应，从而使其偏离第一代内生增长模型。Jones（1995）认为，20 世纪 50 年代以来美国 R&D 科学家和工程师越来越多，但 TFP 增长率并没有随之增加，由此可以反驳 Romer（1990）与 Aghion 和 Howitt（1992）基于 R&D 的第一代内生增长模型。为了解决这一问题，Aghion 和 Howitt（1998）与 Howitt（2000）沿用了熊彼特模型假设，在经济扩张中产品扩散效应使得 R&D 的有效性减弱。因此，如果 R&D 在生产中能一直保持固定的比例，那么经济增长仍然可以持续。同时，在沿着平衡增长的路径上，经济规模与人口规模成正比。

考虑到受教育程度和 R&D 的联合效应，为允许受教育程度和一些控制变量发挥直接效应，强化了式（4-2）和式（4-3）所服从的实证规范：

$$\Delta\ln A_{it}=\beta_{0i}+\beta_1\ln\left(\frac{X_{it}}{Q_{it}}\right)+\beta_2\ln\left(\frac{A_{t-1}^{\max}}{A_{i,t-1}}\right)+\beta_3\left(\frac{X_{it}}{Q_{it}}\right)\ln\left(\frac{A_{t-1}^{\max}}{A_{i,t-1}}\right)+\beta_4\ln SCH_{it}$$
$$+\beta_5 SCH_{it}\ln\left(\frac{A_{t-1}^{\max}}{A_{i,t-1}}\right)+\gamma' C_{it}+\varepsilon_{it} \tag{4-4}$$

这里，C 是一个控制变量的向量（包括贸易开放的程度、城市化水平），ε_{it} 是随机误差项。根据 Benhabib 和 Spiegel（1994）对 Nelson-Phelps 模型的扩展，本书也将受教育程度（SCH）作为附加的解释变量引入模型中。

在经济增长的研究中，如 Fischer（1993）、Andrés 和 Hernando（1997）等，贸易开放度往往作为重要的控制变量来考虑。假设贸易开放正向影响技术进步，在其他情况不变的情况下，低关税和非关税贸易壁垒能够增加附加在进口商品中的知识获取的潜在力和竞争力（Madsen，2009）。

技术发达国家一个明显的特点是第二或第三产业发达，甚至有学者将第三产业的发达程度视作国家技术水平高低的一个判断标准。因此，本书将产业结构引入模型作为重要的控制变量，以证明它对于技术进步有着显著的影响。

综上所述，本书将实证的基本模型定为

$$\Delta \ln tfp_{it}=\beta_{0i}+\beta_1\ln\left(\frac{X_{it}}{Q_{it}}\right)+\beta_2\ln tgap+\beta_3\left(\frac{X_{it}}{Q_{it}}\right)\ln tgap$$
$$+\beta_4\ln SCH_{it}+\beta_5 SCH_{it}\ln tgap+\gamma' C_{it}+u_{it} \tag{4-5}$$

（二）数据与估计方法选择

在本节中，仍然使用受教育程度来表示人力资本。本书中选用中学入学率（ssch）与高校入学率（usch）两个指标来表示一个国家低和高两种人力资本的存量情况。人力资本的衡量方法较多，考虑到与理论分析的拟合以及数据的可得性，本书选用入学率作为人力资本的衡量指标。

本书选用美国劳均产出水平与各国劳均产出水平的比值（tgap）表示与世界前沿间的技术差距。技术的差距通过每一年美国的劳均 GDP 与各国每年的劳均 GDP 的比值计算得到。

本书用 R&D 强度来表示创新水平。按照 Madsen、Rabiul、Islam 和 James（2010）的方法，本书用三个不同的指标来表示：①申请专利的居民占本国居民的比重；②R&D 支出占 GDP 的比重；③科学家和技术人员占本国总人数的比重。基于实证稳健性将其分为三种指标，同时也能从实证的结论中看出这三种指标对技术进步的影响情况。

控制变量中，用贸易额占 GDP 的比重来表示开放程度，用城市化水平作为产业结构的指标，本书以所选年份中城市人口占总人口的比重来计算。

劳动力的数量以每年年末的就业人数作为衡量指标。资本存量是按 2005 年美元计算的不变价固定资本投资总额，用永续盘存法计算得到。第一年的资本存量等于第一年的固定资本投资总额除以样本期内固定资本投资总额的平均增长率与折旧之和，即：$K_0=\frac{I_0}{r+g}$。折旧率在文献中有不同的取值，本书中将折旧率取为 10%。GDP 按照 2005 年不变价美元计算。以上所有数据来源于世界银行数据库及历年《中国统计年鉴》《国际统计年鉴》。

在估计方法上，用 Arellano 和 Bover（1995）与 Blundell 和 Bond（1998）的系统 GMM 估计方法对回归方程进行估计。系统 GMM 可以很好地处理由于引入被解释变量的滞后项而导致的内生性问题。在实证研究中，该方法已被广泛用于处理估计中，未观察到异质性和内生性偏差。若存在异方差，则系统 GMM 估计比简单 IV 估计更有效（Windmeijer，2005；Roodman，2006；等等）。

此外，Bond 等（2001）指出，系统 GMM 估计在面板数据平稳性上具有优越的能力，在实证中估计增长模型时系统 GMM 估计量是首选的方法（Durlauf et al.，2005）。系统 GMM 估计允许使用解释变量的各阶滞后项及水平项作为被解释变量的滞后项的内部工具变量，这样就会提供更多的解释变量个数，以有效地克服弱工具变量问题。

二、专利作为创新的指标

由于本期的技术进步往往会受到前期技术进步的影响，所以，在回归时要考虑到前期技术进步对本期的影响，加入被解释变量的滞后一期作为解释变量。因此，回归要考虑的是一个动态面板问题。下面采用系统 GMM 估计方法先对总体样本进行估计，估计模型如下：

$$\Delta \ln tfp_{it}=\beta_{0t}+\beta_1\Delta \ln tfp_{it-1}+\beta_2\Delta \ln i_{it}+\beta_3\ln tgap_{it-1}+\beta_4\Delta p_{it}+\beta_5\Delta \ln ssch_{it}+\gamma' C_{it}+u_{it} \tag{4-6}$$

$$\Delta \ln tfp_{it}=\beta_{0t}+\beta_1\Delta \ln tfp_{it-1}+\beta_2\Delta \ln i_{it}+\beta_3\ln tgap_{it-1}+\beta_4\Delta p_{it}+\beta_5\Delta \ln usch_{it}+\gamma' C_{it}+u_{it} \tag{4-7}$$

式中，$\Delta \ln tfp_{it}$ 表示全要素生产率的增长率，$\Delta \ln tfp_{it-1}$ 表示前一期的 TFP

增长率，$\Delta \ln i_{it}$ 表示投资增长率，$\ln tgap_{it-1}$ 表示前期的技术差距，Δp_{it} 表示专利的增加量，$\Delta \ln ssch_{it}$ 和 $\Delta \ln usch_{it}$ 表示低和高两种人力资本的增长率，C_{it} 表示控制变量（国际贸易与城市化水平的变动量）。由于这里的被解释变量选用的是全要素生产率的变化率，所以在估计时除了技术差距采用的是滞后一期外，其他的变量也相应地选用了它们的变化率。这样做的好处是：第一，可以不用考虑各自的计量单位不统一的问题。全要素生产率本身就是一个没有单位的变量。第二，可以进一步消除面板数据估计时的时间序列可能存在的不平稳性。

面板数据在减少变量的非平稳性上有一定的优势，但还是存在着非平稳的可能性。所以，为了减少回归参数估计的误差，对变量进行平稳性检验是有必要的。面板数据的平稳性检验方法较多，有 LLC 检验、PP 检验、ADF 检验、IPS 检验等。本书采用的是 IPS 检验，是 Im、Pesaran 和 Shin 于 2003 年提出的检验方法。该方法的原假设是面板中所有截面对应的序列都是非平稳的。如果能够拒绝原假设，就可以推断截面对应的序列是平稳的。该方法的优点是考虑了截面的异质性与干扰序列的相关性，但是要求面板是平行面板。见表 4-1。

表 4-1　平稳性检验

变量名称	变量含义	调整 t 值	p 值	是否平稳（10%）
tfp	全要素生产率的增长率	−3.034	0.001	平稳
D. ln*i*	投资增长率	−9.476	0.000	平稳
D. *tgap*	前期的技术差距	−1.501	0.067	平稳
D. *p*	专利的增加量	−13.401	0.000	平稳
D. ln*ssch*	低人力资本的增长率	−1.389	0.082	平稳
D. ln*usch*	高人力资本的增长率	−4.456	0.000	平稳
D. ln*trade*	国际贸易变化率	−7.662	0.000	平稳
twonv	城市化增长率	−1.365	0.098	平稳

模型估计的结果如表 4-2 所示：

表 4-2　专利作为创新指标对技术进步的影响

模型	模型 1	模型 2	模型 3	模型 4	模型 5	模型 6
L. *tfp*	0. 226 *** (53. 50)	0. 232 *** (42. 47)	0. 104 *** (7. 23)	0. 203 *** (7. 99)	0. 115 *** (4. 43)	0. 208 *** (8. 29)
D. ln*i*	0. 095 *** (50. 96)	0. 095 *** (54. 52)	0. 033 *** (6. 14)	0. 101 *** (10. 30)	0. 028 *** (5. 05)	0. 105 *** (11. 09)
L. ln*tgap*	0. 128 *** (55. 29)	0. 129 *** (72. 80)	0. 075 *** (5. 67)	0. 170 *** (18. 12)	0. 068 *** (6. 91)	0. 173 *** (22. 02)
D. *p*	0. 308 *** (17. 48)	0. 286 *** (15. 30)	0. 407 *** (9. 53)	-0. 161 (-0. 49)	0. 394 *** (9. 17)	-0. 358 (-0. 69)
D. ln*usch*	0. 056 *** (17. 53)		0. 038 *** (5. 82)	0. 023 ** (2. 39)		
D. ln*trade*	0. 033 *** (34. 72)	0. 035 *** (25. 33)	0. 140 *** (16. 67)	0. 009 * (1. 83)	0. 138 *** (15. 89)	0. 016 ** (2. 54)
twonv	0. 009 *** (12. 79)	0. 010 *** (14. 05)	-0. 011 *** (-5. 46)	0. 013 *** (4. 70)	-0. 012 *** (-6. 12)	0. 014 *** (4. 48)
D. ln*ssch*		0. 058 *** (5. 18)			-0. 020 *** (-3. 97)	0. 044 ** (2. 03)
cons	-1. 587 *** (-53. 40)	-1. 588 *** (-71. 83)	-0. 666 *** (-5. 84)	-1. 994 *** (-14. 47)	-0. 582 *** (-6. 11)	-2. 050 *** (-17. 38)
样本数	1452	1452	660	792	660	792
二阶自相关	1. 199	1. 121	-0. 957	1. 279	-1. 098	1. 241
sargan 检验	63. 273	58. 822	27. 379	33. 951	29. 13	33. 531
样本中的国家数	66	66	30	36	30	36

t statistics in parentheses

注：* $p<0.1$， ** $p<0.05$， *** $p<0.01$。

从表 4-2 估计结果来看，所有的回归系数都显著为正。这与第三章转型要素对技术进步的影响基本相符。从二阶相关性检验来看，不存在二阶自相关性。通过了 sargan 检验，说明不存在弱工具变量的问题；被解释变量的滞后一期的回归系数显著，表明将模型设定为动态面板模型的合理性。

两个实证模型中人力资本的指标选择不同。模型 1、模型 3、模型 4 是根据式（4-6）来估计的；模型2、模型5、模型6是根据式（4-7）来估计的。

两个实证模型的估计结果显示，回归系数并没有发生明显的变化，表明估计结果是稳健的。总体样本中（模型1、模型2），低和高两种人力资本对技术进步都有正向的影响，体现了人力资本的重要性。城市化水平变化率与贸易变化率对于TFP增长率的贡献小于其他影响因素，但也显著为正，这表明了它们作为控制变量的合理性。接下来，将总体样本分为两组来研究：一组是发展中国家（36），模型4和模型6；另一组为OECD国家（30），模型3和模型5。

从模型的对比中可以发现，前一期的技术进步对于后一期的技术进步有着明显的正向影响。但是，发展中国家的这种影响要比OECD国家要大。这说明发展中国家技术进步的波动性要比发达国家大，会出现一个时期较为明显的快速上升，也会出现一个时期较大的下降。而发达国家的技术进步速度较为平稳，这与它们大多是处于世界技术前沿的国家有关。在技术进步中依靠更多的是创新，所以，发达国家会保持一个与世界技术前沿较为同步的进步速度。

从投资的影响来看，所有模型中投资都显著为正。这正好与第二章对技术投资的假定相吻合，即投资对技术进步是有重要作用的。增加投资，厂商就可以扩大生产规模，而厂商在扩大生产规模的同时也会扩大对技术的投资，所以，无论是在发达国家还是发展中国家，投资都会正向地影响技术进步。从估计结果来看，发展中国家的投资对技术进步的作用要大于OECD国家。

从技术差距的影响来看，所有模型中技术差距的影响作用都显著为正。这说明技术差距的存在为技术赶超提供了可能，与后发优势理论较为一致。从对比结果来看，技术差距对发展中国家技术进步的作用更加明显。技术赶超阶段理论认为，发展中国家在技术赶超的开始阶段技术差距较大，所以它们会有比较快的增长速度。当它们技术差距逐渐缩小时，模仿会变得越来越困难，赶超国家的技术进步速度会放慢。实证研究的结果与技术赶超阶段理论一致。

从专利水平来看，总体样本中影响都是显著为正的，在OECD国家的两个模型中也是显著为正的，但在发展中国家的两个模型中均不显著。这是一个值得研究的现象。作为创新的指标，专利对技术进步的作用在 OECD 国家表现得更加明显。这说明 OECD 国家技术进步模式是创新主导的。创新对发展中国家技术进步的作用不显著，说明创新不是发展中国家技术进步的主导模式。

高人力资本在所有模型中都显著为正，而且在 OECD 国家作用要大于发展中国家。这说明高人力资本对技术进步具有重要作用，同时也说明在以创新为主导的技术进步模式中高人力资本作用更加明显。与之相对比，低人力资本在全部样本中的作用是显著的，但在分组模型中影响作用却不相同，在发展中国家中显著为正，而在 OECD 国家中却显著为负。这充分说明在两种不同类型的国家中，高、低两种人力资本对技术进步的影响不同，甚至产生相反的影响作用。

国际贸易在所有模型中都显著为正。从影响的系数的大小来看，国际贸易作为技术扩散的重要途径，在 OECD 国家作用较为显著。这从实证数据中证实了国际贸易对国际技术扩散的作用。这一结论与一些学者在对 OECD 国家贸易问题进行研究时得出的结论一致：发生在 OECD 国家间国际贸易时的技术溢出效应比它们与发展中国家间贸易时更加明显。

从结果上看，另一个控制变量——城市化率变动全都是显著的。但是，它对发展中国家的作用为正，对 OECD 国家的影响为负。这就说明本书将城市化率作为产业结构的指标是合理的。OECD 国家的产业结构已经相对稳定，此时，提高第二、第三产业的比重对技术进步作用不明显。发展中国家的产业结构还不合理和稳定，此时，提高第二、第三产业的比重会使更多的资源从低生产效率的农业部门流动到高生产效率的工业与服务业部门，结构调整会带来明显的技术进步。

从城市化率的角度来看，因为发展中国家的城市化水平还比较低，工业和服务业更多地集中在城市，所以，提高城市化率将会使更多的劳动力转移到第二、第三产业。而发达国家的城市化率已经稳定，有些国家甚至出现了反城市化的劳动力转移现象，所以，城市化率对技术进步的影响为负。

从上一个模型的分析中可以看出，低人力资本与专利水平在两组中的影响作用不同，本书根据尼尔森和菲尔普斯的方法，将人力资本与技术差距、人力资本与创新的交乘项考虑进来，估计模型如下：

$$\Delta\ln tfp_{it}=\beta_{0t}+\beta_1\Delta\ln tfp_{it-1}+\beta_2\Delta\ln i_{it}+\beta_3\ln tgap_{it-1}+\beta_4\Delta p_{it}+\beta_5\Delta\ln usch_{it}+\beta_6\Delta usch_{it}\times tgap_{it-1}+\beta_7\Delta usch_{it}\times p_{it}+\gamma' C_{it}+u_{it} \tag{4-8}$$

$$\Delta\ln tfp_{it}=\beta_{0t}+\beta_1\Delta\ln tfp_{it-1}+\beta_2\Delta\ln i_{it}+\beta_3\ln tgap_{it-1}+\beta_4\Delta p_{it}+\beta_5\Delta\ln ssch_{it}+\beta_6\Delta ssch_{it}\times tgap_{it-1}+\beta_7\Delta ssch_{it}\times p_{it}+\gamma' C_{it}+u_{it} \tag{4-9}$$

式（4-8）中，$usch_{it}\times tgap_{it-1}$ 与 $usch_{it}\times p_{it}$ 分别表示高人力资本与技术差距交乘项和高人力资本与创新的交乘项；式（4-9）中，$ssch_{it}\times tgap_{it-1}$ 与 $ssch_{it}\times p_{it}$ 分别表示低人力资本与技术差距交乘项和低人力资本与创新的交乘项。其他变量的名称和含义与前面模型相同，在此不再做介绍。

模型估计结果如表 4-3 所示：

表 4-3　专利及其交乘项对技术进步的影响

模型	模型 1	模型 2	模型 3	模型 4	模型 5	模型 6
L. *tfp*	0.218*** (48.36)	0.218*** (12.79)	0.114*** (4.48)	0.215*** (5.41)	0.028 (1.16)	0.113*** (4.11)
D. ln*i*	0.097*** (34.75)	0.063*** (15.21)	0.023*** (2.86)	0.106*** (10.00)	0.021*** (3.45)	0.073*** (5.78)
L. ln*tgap*	0.129*** (57.40)	0.087*** (23.71)	0.057*** (4.99)	0.182*** (14.41)	0.044*** (3.82)	0.129*** (10.21)
D. *p*	−0.498*** (−3.53)	−0.365*** (−3.46)	−0.412 (−0.87)	−8.346*** (−4.40)	0.114 (0.43)	−1.134 (−0.68)
D. ln*usch*	0.177*** (26.90)		0.083*** (5.77)	0.136*** (3.63)		
D. *uscht*	−0.001*** (−28.43)		−0.000*** (−5.45)	−0.001*** (−5.23)		
D. *uschp*	0.014*** (5.31)		0.013* (1.77)	0.208*** (4.90)		
D. ln*trade*	0.034*** (24.85)	0.035*** (14.58)	0.148*** (21.16)	0.016** (2.02)	0.124*** (16.35)	0.020*** (3.59)

续表

模型	模型 1	模型 2	模型 3	模型 4	模型 5	模型 6
twonv	0.009 *** (14.04)	0.008 *** (8.84)	−0.011 *** (−4.07)	0.010 *** (3.39)	−0.013 *** (−4.45)	0.011 *** (2.95)
D. ln*ssch*		2.047 *** (30.06)			1.876 *** (14.78)	1.741 *** (8.35)
D. *sscht*		−0.004 *** (−30.13)			−0.003 *** (−13.45)	−0.003 *** (−9.73)
D. *sschp*		0.010 *** (7.10)			0.003 (0.74)	0.039 (0.93)
cons	−1.606 *** (−45.39)	−1.074 *** (−19.27)	−0.482 *** (−3.67)	−2.124 *** (−13.46)	−0.396 *** (−3.54)	−1.496 *** (−8.34)
样本数	1452	1452	660	792	660	792
二阶自相关	1.293	1.53	−0.83	1.464	−1.865	1.737
sargan 检验	59.077	64.226	26.443	26.041	26.952	25.801
样本中的国家数	66	66	30	36	30	36

t statistics in parentheses

注：* $p<0.1$，** $p<0.05$，*** $p<0.01$。

从模型估计的结果可以看出，式（4−8）中的投资、技术差距、人力资本、创新、国际贸易、城市化率变动对技术进步的影响在显著性和符号方面都没有发生改变，再次说明模型估计结果的稳健性。在新增加的交乘项中，无论是高还是低人力资本，它们与技术差距的交乘项都是显著为负的，这说明人力资本作用于技术差距后对技术进步的影响发生改变。

这种影响作用的改变可以理解为：①对于高人力资本与技术差距的交乘项来说，为了实现技术进步，当技术差距变小时，需要更多的高人力资本；当技术差距变大时，高人力资本的需求会下降。它们以一种反向变化的关系对技术进步产生影响。这与第二章理论模型分析中技术差距对高人力资本的需求是一致的。技术差距大时，需要更多的低人力资本，而高人力资本需求量少；反之，在技术差距缩小时，需要更多的高人力资本和较少的低人力资本。②低人力资本与技术差距的交乘项为负，要从两组国家的资源禀赋情况来解释。在发展中国家中，低人力资本资源相对丰富，当技术距离较大时，这些低人力资本会被大量吸收到生产中来，由于低人力资本丰富，此时再增加低人力资本对技术进步的作用不显著，但减少低人力资本数量增加高人力资本会更有利于技术进步；对 OECD 国家而言，此时与技术前沿的差距不大，更多的是需要高人力资本，低人力资本增加对于技术进步不会产生正向影响。

另一个交乘项是人力资本与创新的交乘项，高人力资本与创新的交乘项系数显著为正，而低人力资本与创新的交乘项系数不显著。这与实际的经济意义一致，创新需要更多的高人力资本，创新与高人力资本结合能提高技术进步，而低人力资本和创新结合不能在技术进步中起到显著作用。这说明技术赶超中一个发展中国家想要由模仿向创新转型，必须有一定的高人力资本储备，需要更多的高、精、尖端的人才。

三、R&D 作为创新的指标

接下来，采用系统 GMM 估计的方法，将 R&D 作为创新的指标引入模型进行估计，估计的方程如下 ：

$$\Delta \ln tfp_{it}=\beta_{0t}+\beta_1\Delta \ln tfp_{it-1}+\beta_2\Delta \ln i_{it}+\beta_3 \ln tgap_{it-1}+ \beta_4\Delta RD_{it}+\beta_5\Delta \ln ssch_{it}+\gamma' C_{it}+u_{it} \quad (4-10)$$

$$\Delta \ln tfp_{it}=\beta_{0t}+\beta_1\Delta \ln tfp_{it-1}+\beta_2\Delta \ln i_{it}+\beta_3 \ln tgap_{it-1}+ \beta_4\Delta RD_{it}+\beta_5\Delta \ln usch_{it}+\gamma' C_{it}+u_{it} \quad (4-11)$$

式中，RD_{it} 表示研究与开发支出，估计式中其他变量的意义与前面模型相同。为了避免伪回归问题，对 ΔRD_{it} 数据采用 LCC 平稳性检验，结果显示是平稳的，这里除了新的变量 ΔRD_{it} 外，其他变量在上一小节中已经通过数据平稳性检验，所以可以对模型进行估计。估计结果如表 4-4 所示：

表 4-4 研发支出作为创新指标对技术进步的影响

模型	模型 1	模型 2	模型 3	模型 4	模型 5	模型 6
L. *tfp*	0.056*** (11.35)	0.054*** (18.33)	0.113*** (4.32)	0.061*** (2.61)	0.098*** (3.38)	0.031 (0.85)
D. ln*i*	0.048*** (25.23)	0.045*** (17.62)	0.064*** (8.07)	0.055*** (5.06)	0.060*** (8.33)	0.058*** (5.26)
L. ln*tgap*	0.083*** (33.42)	0.082*** (24.52)	0.109*** (11.10)	0.106*** (5.85)	0.109*** (13.34)	0.111*** (7.13)
D. *RD*	0.017*** (12.37)	0.019*** (13.99)	0.048*** (6.91)	0.015*** (2.85)	0.044*** (6.67)	0.013** (2.05)
D. ln*usch*	0.009 (1.64)		0.115*** (7.97)	−0.015 (−1.49)		
D. ln*trade*	0.081*** (25.66)	0.081*** (33.94)	0.156*** (17.21)	0.045*** (8.19)	0.152*** (17.33)	0.038*** (5.00)
twonv	−0.012*** (−23.03)	−0.012*** (−21.16)	−0.018*** (−9.55)	−0.010*** (−4.55)	−0.017*** (−9.92)	−0.010*** (−4.88)
D. ln*ssch*		−0.052*** (−8.31)			−0.023*** (−2.62)	−0.090** (−2.27)
cons	−0.885*** (−27.99)	−0.848*** (−20.33)	−1.131*** (−9.37)	−1.143*** (−5.56)	−1.093*** (−10.25)	−1.195*** (−6.28)
样本数	872	872	451	421	451	421
二阶自相关	−1.342	−1.362	−0.472	−0.909	−0.877	−0.947
sargan 检验	55.943	57.115	27.557	26.928	26.678	24.168
样本中的国家数	61	61	29	32	29	32

t statistics in parentheses

注：* $p<0.1$，** $p<0.05$，*** $p<0.01$。

从估计结果来看，被解释变量滞后一期，技术差距、投资、国际贸易、创新变化对技术进步的影响都是显著为正的，与前面模型结论一致。Romar等经济学家将研发投入作为创新的指标来衡量各国的创新活动。他们认为，技术进步是研发支出（R&D）的增函数，R&D 的增加能推动技术进步。可见，在估计模型时，将研发支出作为创新的指标是符合经济学原理的。模型估计结果显示，R&D 的增加对技术进步的作用在所有模型中均是显著为正的。可见，研发活动作为创新的衡量指标对技术进步起着重要作用。OECD 国家拥有更多的 R&D 投入活动，它们也得到了更多的技术成果。处于世界技术前沿的国家，在相关领域都有大量的 R&D 投入，发展中国家 R&D 投入较少。对比估计的影响系数大小，R&D 投入在 OECD 国家的影响作用大于在发展中国家中的影响作用。

估计结果显示，城市化率的变动对技术进步的影响均显著为负。这与在式（4-6）、式（4-7）中的估计结果差异较大。国际贸易的影响仍是显著为正的，在 OECD 国家的影响作用大于发展中国家。估计结果与专利作为创新指标时的结果一致。

从人力资本的影响作用来看，高人力资本在全部样本和发展中国家样本中都不显著，只在 OECD 国家显著。将 R&D 支出作为创新的指标，发展中国家较低的 R&D 支出和较少的高人力资本导致它对技术进步作用不显著。低人力资本的作用显著为负，这说明低人力资本与 R&D 活动间关联少，影响作用小。从创新的角度来看低人力资本几乎不会对发达国家的研发活动产生正向影响，因为无论是在 OECD 国家还是发展中国家，R&D 活动需要更多的是高人力资本，只有和高人力资本结合才能更好地发挥它推动技术进步的作用，所以，高人力资本发挥作用是会受到 R&D 支出水平的影响的，R&D 支出水平与低人力资本在对技术进步的影响上有一定程度的抵消。为了厘清这种影响关系，将二者的交乘项引入模型进行分析。

接下来，看一下人力资本与创新和技术差距的交乘项对于技术进步的影响，估计模型如下：

$$\Delta \ln tfp_{it}=\beta_{0t}+\beta_1\Delta \ln tfp_{it-1}+\beta_2\Delta \ln i_{it}+\beta_3\ln tgap_{it-1}+\beta_4\Delta RD_{it}+\beta_5\Delta \ln usch_{it} +\beta_6\Delta usch_{it}\times tgap_{it-1}+\beta_7\Delta usch_{it}\times RD_{it}+\gamma' C_{it}+u_{it} \tag{4-12}$$

$$\Delta \ln tfp_{it}=\beta_{0t}+\beta_1\Delta \ln tfp_{it-1}+\beta_2\Delta \ln i_{it}+\beta_3\ln tgap_{it-1}+\beta_4\Delta RD_{it}+\beta_5\Delta \ln ssch_{it} +\beta_6\Delta ssch_{it}\times tgap_{it-1}+\beta_7\Delta ssch_{it}\times RD_{it}+\gamma' C_{it}+u_{it} \tag{4-13}$$

在式（4-12）、式（4-13）中，变量的含义与前述模型相同，只是加入了两类交乘项，人力资本与技术差距 $usch_{it}\times tgap_{it-1}$、$ssch_{it}\times tgap_{it-1}$ 和人力资本

与创新 $usch_{it}\times RD_{it}$、$ssch_{it}\times RD_{it}$。

估计的结果如表 4-5 所示：

表 4-5　研发支出及其交乘项对技术进步的影响

模型	模型 1	模型 2	模型 3	模型 4	模型 5	模型 6
L. *tfp*	0.058*** (7.95)	-0.003 (-0.30)	0.118*** (4.90)	0.01 (0.23)	0.047*** (3.51)	-0.070* (-1.70)
D. ln*i*	0.050*** (17.16)	0.030*** (9.15)	0.055*** (6.72)	0.044*** (6.03)	0.021** (2.16)	0.035*** (3.54)
L. ln*tgap*	0.084*** (27.25)	0.062*** (14.62)	0.091*** (8.72)	0.098*** (7.34)	0.045*** (3.38)	0.076*** (6.64)
D. *RD*	-0.011*** (-3.50)	-0.015 (-1.47)	-0.192*** (-9.59)	-0.003 (-0.21)	-0.272*** (-12.27)	0.031 (1.49)
D. ln*usch*	0.093*** (10.03)		0.162*** (4.17)	0.106** (2.14)		
D. *uscht*	-0.000*** (-12.82)		-0.000*** (-2.81)	-0.001** (-2.22)		
D. *uschRD*	-0.001*** (-7.73)		0.001*** (3.58)	0.000 (-0.74)		
D. ln*trade*	0.079*** (19.62)	0.089*** (25.06)	0.164*** (25.36)	0.035*** (4.77)	0.156*** (24.61)	0.048*** (10.07)
twonv	-0.012*** (-24.21)	-0.010*** (-15.08)	-0.012*** (-4.15)	-0.009*** (-3.67)	-0.014*** (-5.35)	-0.006* (-1.65)
D. ln*ssch*		1.252*** (14.89)			2.186*** (9.80)	1.115*** (5.47)
D. *sscht*		-0.002*** (-18.16)			-0.004*** (-9.82)	-0.003*** (-7.19)
D. *sschRD*		0 (-1.14)			0.002*** -7.25	-0.001** (-2.50)
cons	-0.900*** (-21.14)	-0.604*** (-11.30)	-0.963*** (-7.50)	-1.009*** (-7.15)	-0.409*** (-2.62)	-0.780*** (-5.23)
样本数	872	872	451	421	451	421
二阶自相关	-0.783	-0.262	-1.451	-0.685	-1.969	0.149

续表

模型	模型 1	模型 2	模型 3	模型 4	模型 5	模型 6
sargan 检验	56. 861	53. 973	25. 279	23. 61	27. 442	21. 294
样本中的国家数	61	61	29	32	29	32
t statistics in parentheses						

注：* $p<0.1$，** $p<0.05$，*** $p<0.01$。

从估计结果来看，滞后一期的投资、技术差距、高人力资本没有显著变化，说明这些变量对技术进步影响具有稳健性。不同之处在于，创新在发展中国家中的影响不显著，低人力资本的影响均为正。在发展中国家，创新的影响不显著，可能与发展中国家的 R&D 支出水平低有关，国内技术进步的主要途径是模仿而不是靠提高 R&D 活动的创新来实现的，所以，在发展中国家创新才会表现得不显著。

在 OECD 国家，创新对技术进步的影响作用是负的。这一结果表明，发达国家 R&D 支出的增加率与技术进步的变动率呈反向关系。也就是说，R&D 支出增长率越大，技术进步率越小。这可能是由于发达国家的 R&D 支出水平已经很高，出现边际影响递减。越是处于世界技术前沿的国家，创新越困难。但是从交乘项上来看，高低两种人力资本与技术差距的交乘项系数均显著为负。从创新的交乘项上看，在 OECD 国家都为正，但在发展中国家均不显著。

四、R&D 人员作为创新的指标

将 R&D 人员作为创新的指标，并对如下模型进行估计：

$$\Delta \ln tfp_{it} = \beta_{0t} + \beta_1 \Delta \ln tfp_{it-1} + \beta_2 \Delta \ln i_{it} + \beta_3 \ln tgap_{it-1} + \beta_4 \Delta \ln RDP_{it} + \beta_5 \Delta \ln ssch_{it} + \gamma' C_{it} + u_{it} \tag{4-14}$$

$$\Delta \ln tfp_{it} = \beta_{0t} + \beta_1 \Delta \ln tfp_{it-1} + \beta_2 \Delta \ln i_{it} + \beta_3 \ln tgap_{it-1} + \beta_4 \Delta \ln RDP_{it} + \beta_5 \Delta \ln usch_{it} + \gamma' C_{it} + u_{it} \tag{4-15}$$

在模型（4-14）和模型（4-15）中，RDP_{it} 表示的是每百万人中的科学家和科技人员的人数，其他变量意义与前面相同。为了避免伪回归问题，对 $\Delta \ln RDP_{it}$ 数据进行 LCC 平稳性检验，结果显示是平稳的。这里除了新的变量

$\Delta\ln RDP_{it}$ 外，其他变量已经通过数据平稳性检验，所以可以对模型进行估计。

估计结果如表 4-6 所示：

表 4-6 科技人员作为创新指标对技术进步的影响

模型	模型 1	模型 2	模型 3	模型 4	模型 5	模型 6
L. *tfp*	0.004 (0.44)	0.011 ** (2.12)	0.096 *** (4.38)	−0.068 (−1.35)	0.103 *** (7.42)	−0.126 * (−1.86)
D. ln*i*	0.055 *** (16.82)	0.055 *** (33.04)	0.068 *** (10.13)	0.059 *** (4.10)	0.054 *** (8.24)	0.067 *** (4.48)
L. ln*tgap*	0.077 *** (20.46)	0.080 *** (31.15)	0.112 *** (12.40)	0.095 *** (4.75)	0.101 *** (13.55)	0.093 *** (5.58)
D. ln*RDP*	0.005 *** (2.70)	0.003 (1.12)	0.067 *** (6.05)	−0.001 (−0.23)	0.073 *** (5.76)	−0.009 (−1.20)
D. ln*usch*	0.038 *** (7.03)		0.102 *** (8.39)	0.018 (0.86)		
D. ln*trade*	0.128 *** (24.81)	0.120 *** (21.50)	0.159 *** (18.84)	0.048 *** (2.59)	0.161 *** (23.24)	0.049 *** (3.36)
twonv	−0.015 *** (−23.13)	−0.014 *** (−13.64)	−0.017 *** (−7.83)	−0.010 *** (−2.78)	−0.017 *** (−7.77)	−0.008 ** (−2.17)
D. ln*ssch*		−0.038 *** (−7.10)			−0.032 *** (−2.60)	−0.031 (−0.57)
cons	−0.892 *** (−17.61)	−0.916 *** (−31.37)	−1.186 *** (−11.13)	−1.082 *** (−4.45)	−1.000 *** (−10.25)	−1.120 *** (−5.12)
样本数	641	641	446	195	446	195
二阶自相关	0.335	0.219	−0.731	1.022	−0.999	0.688
sargan 检验	48.729	44.566	27.461	12.412	26.937	14.023
样本中的国家数	50	50	29	21	29	21

t statistics in parentheses

注：* $p<0.1$，** $p<0.05$，*** $p<0.01$。

从估计结果来看，被解释变量滞后一期除在模型 1、模型 2、模型 4 中不显著外，技术差距、投资、国际贸易、创新变化对技术进步的影响都与前面模型结论一致，显著为正。此模型估计结果中，城市化率的影响仍然显著为负，高人力资本的影响在总体样本和 OECD 国家中是显著为正的，在发展中国家不显著。低人力资本的影响除了在模型 6 中不显著外，在其他模型中都是显著为负的。

接下来，看一下人力资本与创新和技术差距的交乘项对技术进步的影响。估计模型如下：

$$\Delta \ln tfp_{it} = \beta_{0t} + \beta_1 \Delta \ln tfp_{it-1} + \beta_2 \Delta \ln i_{it} + \beta_3 \ln tgap_{it-1} + \beta_4 \Delta RDP_{it} + \beta_5 \Delta \ln usch_{it} + \beta_6 \Delta usch_{it} \times tgap_{it-1} + \beta_7 \Delta usch_{it} \times RDP_{it} + \gamma' C_{it} + u_{it} \quad (4-16)$$

$$\Delta \ln tfp_{it} = \beta_{0t} + \beta_1 \Delta \ln tfp_{it-1} + \beta_2 \Delta \ln i_{it} + \beta_3 \ln tgap_{it-1} + \beta_4 \Delta RDP_{it} + \beta_5 \Delta \ln ssch_{it} + \beta_6 \Delta ssch_{it} \times tgap_{it-1} + \beta_7 \Delta ssch_{it} \times RDP_{it} + \gamma' C_{it} + u_{it} \quad (4-17)$$

估计结果如表 4-7 所示：

表 4-7 科技人员及其交乘项对技术进步的影响

模型	模型 1	模型 2	模型 3	模型 4	模型 5	模型 6
L. *tfp*	-0.106*** (-9.17)	-0.062*** (-6.17)	-0.024 (-1.37)	-0.289*** (-4.64)	-0.043** (-2.11)	-0.206** (-2.49)
ln*i*	0.093*** (21.26)	0.081*** (20.01)	0.087*** (8.82)	0.057*** (5.03)	0.090*** (9.30)	0.071*** (5.52)
L. ln*tgap*	0.099*** (23.00)	0.083*** (14.49)	0.090*** (5.20)	-0.044*** (-5.30)	0.090*** (6.26)	0.138*** (2.92)
D. ln*RDP*	0.008*** (3.25)	0.019*** (7.25)	0.046** (2.16)	-0.004 (-0.43)	0.077*** (6.03)	-0.001 (-0.12)
D. ln*usch*	0.024*** (2.98)		0.078*** (4.23)	-0.003 (-0.17)		
uschRDP	-0.000*** (-10.08)		-0.000*** (-3.09)	0.000 (-0.76)		
uscht	-0.000*** (-17.63)		-0.000*** (-12.27)	-0.000* (-1.90)		
D. ln*trade*	0.129*** (25.60)	0.127*** (15.95)	0.169*** (22.24)	0.061*** (3.05)	0.168*** (19.92)	0.018 (0.81)
twonv	-0.020*** (-21.36)	-0.019*** (-9.42)	-0.019*** (-8.67)	-0.009 (-1.55)	-0.015*** (-6.01)	-0.004 (-0.62)

续表

模型	模型 1	模型 2	模型 3	模型 4	模型 5	模型 6
D. ln*ssch*		−0.031*** (−5.23)			−0.051*** (−3.75)	0.026 −0.58
sschRDP		−0.000*** (−11.70)			−0.001*** (−10.01)	0.000 (−0.17)
sscht		−0.000*** (−9.82)			0.000 (1.11)	0.000 (−1.17)
cons	−1.288*** (−21.95)	−1.117*** (−15.63)	−1.212*** (−6.97)	0.000 .	−1.355*** (−8.55)	−1.427*** (−3.21)
样本数	641	641	446	195	446	195
二阶自相关	−0.354	−0.157	−1.088	.	−1.259	−0.21
sargan 检验	46.458	45.059	23.628	.	25.566	9.249
样本中的国家数	50	50	29	21	29	21

t statistics in parentheses

注：* $p<0.1$，** $p<0.05$，*** $p<0.01$。

从估计结果来看，被解释变量滞后一期除在模型 3 中不显著外，在其他模型中系数都显著为负。这与前面以专利和 R&D 支出为创新指标时结果不一致。这可能与科学家对技术的影响方式与前面两个指标不同有关系。这一估计结果的意义在于，前一期的技术进步会对下一期技术增长率产生负向影响。从科学家的角度来看，前一期科学家做出的成果越多，在下一期中能被发现的创新成果就越少。

在所有模型中，技术差距估计结果仍然都是显著的，除了在模型 4 中系数为负外，在其他模型中均为正向影响。投资的影响仍然是全部为正的。国际贸易除在模型 6 中不显著外，在其他模型中都显著为正。城市化率影响系数为负，除与将专利作为创新指标的模型中结果相反外，与其他模型结果一致。高人力资本变化对技术增长率的影响在总体样本和 OECD 国家中是显著为正的，在发展中国家不显著。低人力资本的影响在模型 5 与模型 6 中系数为负但不显著，在模型 2 总体样本中显著为负。高低两类人力资本与技术差距的交乘项在总体样本和 OECD 国家组中显著为负，在发展中国家组中为负不显著。

上文将专利、R&D 经费支出、科学家及科技人员数作为创新的指标进行估计，并分析了技术差距、人力资本、国际贸易、城市化率等的变动对技术进步增长率的影响。从三次估计对比发现，技术差距、国际贸易、投资这三个解释变量的变动对被解释变量增长率的影响作用都显著为正。可以肯定地说，这些因素对技术进步有着重要的稳定的影响。

将专利和 R&D 经费支出作为创新指标，高低两种人力资本对技术的影响是显著的，但是影响的方向并不完全相同。人力资本在不同的两组内对技术进步的影响作用不同，它对技术进步产生影响时可能会存在着一个门槛值。同时，由于交乘项的影响作用并不一致，可以假定创新和技术差距对技术增长产生影响时可能会受到人力资本的影响。通过分组方法可以看出，这些影响模仿与创新的要素在不同技术水平的国家中起到的作用是有差异的。那么，这些作用的不同之处是什么？发生改变的时点在哪里？对于技术赶超国家而言，这是有意义的问题。

如果能找到这些因素对技术进步产生差异性影响的临界值，那么，在技术赶超中，就可以根据它们在不同水平下对技术发展影响的大小来调整各要素的使用数量，从而加快技术进步的步伐。对于临界值分析，门槛模型回归是一个较好的研究方法，所以，下一节将会用面板门槛模型对这些要素自身的丰富程度和发展水平对技术的影响的差异性进行研究。

第二节　转型要素对技术影响的门槛效应

从前面的分析可以看出，以中学入学率作为指标衡量的低人力资本和与高校入学率衡量的高人力资本，在发展中国家与 OECD 国家中对技术进步的影响作用并不完全一样。如果将技术发展视为由各个国家和地区的不同发展水平组成的一条路径，那么处于发展路径的不同发展阶段和位置的国家，其技术水平与技术进步速度会有所不同。由以上的实证分析可以推断，在不同技术水平的国家，人力资本对技术进步的作用也会有所不同。从第二章的理论分析中也可以看出，人力资本在模仿与创新两个阶段的作用不同，所以可以认为人力资本对技术进步的影响会发生结构性的变化。

一、面板门槛回归方法介绍

本节采用 Hansen（1999）的面板门槛回归分析法。

$$y[it]=a1\times X[it]\text{ if } q[it]\leqslant alpha \tag{4-18}$$

$$y[it]=a2\times X[it]\text{ if } q[it]> alpha \tag{4-19}$$

其中，$y[it]$ 表示被解释变量，$X[it]$ 表示解释变量，$q[it]$ 表示门槛变量，$alpha$ 表示门槛变量的门槛值。

Hansen 的方法是先通过网格搜索的方式找到结构突变点。在这个过程中，先找到第一个结构突变点，然后再找第二个结构突变点。如果第二个结构突变点是存在的，那么就会在控制住第二个结构突变点的情况下，再返回来找第一个结构突变点，然后再找第三个结构突变点。这里的结构突变点也就是门槛变量的门槛值，即式（4-18）、式（4-19）中的 $alpha$。

估计结果检验的方法分为两步。

第一步，先检验门槛值是否存在。

采用的假设检验方法是构造 F 统计量，检验公式（4-18）的系数 $a1$ 是否等于公式（4-19）的系数 $a2$。

$$\mathrm{F}=\frac{res(0)-res(1)}{sigma^2} \tag{4-20}$$

其中，$res(0)$ 表示无门槛时回归方程的残差平方和，$res(1)$ 表示有门槛时回归方程的残差平方和。$sigma^2=\mathrm{S1}/[n(T-1)]$，如果能通过 F 检验则表示门槛是存在的，否则不存在。

在搜索和 F 检验中采用 bootstrap 的方法，通过自抽样来计算相应的 p 值和 F 值。为了减小离群值与杠杆值对于结果的影响，本书在搜索时对门槛值左右两侧的样本数做了最低要求，不能低于 120 个样本值。

第二步，检验门槛值是否等于真实的门槛值。

采用的方法是似然比检验（LR），构造 LR 统计量，检验搜索到的门槛值是否与真实的门槛值相等。

$$LR(\gamma)=\frac{S1(\gamma)-S1(\hat{\gamma})}{\gamma^2} \tag{4-21}$$

其中，$S1(\gamma)$ 表示其他可能的门槛值的残差平方和，$S1(\hat{\gamma})$ 表示估计出来的门槛值进行回归时的残差平方和。

二、人力资本门槛效应

先对低人力资本对全要素生产率的影响进行分析，面板门槛估计的模型设定如下：

$$\ln tfp_{it}=\alpha_0+\alpha_1\ln k_{it}+\alpha_2 p_{it}+\alpha_{31}\ln ssch_{it}(\ln ssch_{it}<\gamma_1)+\alpha_{32}\ln ssch_{it}(\gamma_1<\ln ssch_{it}<\gamma_2)+\alpha_4\ln tgap_{it}+\alpha_6\ln trade_{it}+\alpha_7\ln twonlevel_{it}+u_{it} \tag{4-22}$$

此模型设定是为了检验低与高两种人力资本对全要素生产率产生影响时的门槛效应。模型所表示的是存在两个门槛值时的情况。在模型的实际操作中，会考虑到三个门槛值是否存在的情况。其中 γ_1、γ_2 表示的就是两个门槛值。如果门槛值是存在的，就证明在经济发展中低人力资本对全要素生产率（TFP）的影响是存在结构性变化的。采用式（4-23）对门槛值进行搜索，然后再对门槛值的存在以及与真实值是否相等进行检验。见表 4-8 和表 4-9。

$$\ln tfp_{it}=\alpha_0+\alpha_1\ln k_{it}(\ln ssch_{it}<\gamma_1)+\alpha_2 p_{it}+\alpha_3\ln k_{it}(\gamma_1<\ln ssch_{it}<\gamma_2)+\alpha_4\ln tgap_{it}+\alpha_5\ln usch_{it}+\alpha_6\ln trade_{it}+\alpha_7\ln twonlevel_{it}+u_{it} \tag{4-23}$$

表 4-8 人力资本门槛估计值和置信区间

	门槛估计值	95%置信区间
单一门槛模型	4.411	[4.363 , 4.432]
双重门槛模型		
门槛值 2	4.526	[4.518 , 4.542]
门槛值 1	4.368	[4.363 , 4.418]
三重门槛模型	4.175	[4.074 , 4.784]

表 4-9　人力资本门槛效果自抽样检验

模型	F 值	p 值	BS 次数	1%临界值	5%临界值	10%临界值
单一门槛模型	64.231**	0.037	300	88.325	61.269	49.502
双重门槛模型	36.990***	0.000	300	21.315	-6.153	-13.091
三重门槛模型	10.675	0.200	300	38.962	25.133	16.744

网格搜索的结果显示，低人力资本与高人力资本相同，都有两个门槛值，分别是 3.6 和 3.927。从置信区间来看，存在着两个门槛值。从 F 统计量上来看，双重门槛是显著的，因此，采用双重门槛模型对全要素生产率进行估计。相应的估计模型为：

$$\ln tfp_{it}=\alpha_0+\alpha_1\ln k_{it}+\alpha_2 p_{it}+\alpha_{31}\ln ssch_{it}(\ln ssch_{it}\leqslant\gamma_1)+\alpha_{32}\ln ssch_{it}(\gamma_1<\ln ssch_{it}<\gamma_2)+\alpha_{33}\ln ssch_{it}(\ln ssch_{it}\geqslant\gamma_1)+\alpha_4\ln tgap_{it}+\alpha_6\ \ln trade_{it}+\alpha_7\ \ln twonlevel_{it}+u_{it} \tag{4-24}$$

估计的结果呈现在两个模型中。模型 1 是低人力资本估计结果，模型 2 是高人力资本估计结果。这里的 ln*sschd*1 与 ln*sschd*2 分别是低人力资本与两个门槛值的乘积项，用来表示门槛与低人力资本对技术水平影响作用的不同。ln*uschd*1 与 ln*uschd*2 是高人力资本与两个门槛值的乘积项。模型 1 的输出结果是低人力资本的两个门槛值对技术水平的影响，模型 2 的输出结果是高人力资本的两个门槛值对技术水平的影响。见表 4-10。

表 4-10　人力资本的门槛效应

模型 1		模型 2	
ln*k*	-0.234*** (-24.70)	ln*k*	-0.220*** (-4.34)
p	0.172* (1.96)	*p*	0.133 (1.30)
ln*tgap*	-0.953*** (-61.68)	ln*tgap*	-0.871*** (-18.54)
ln*trade*	0.234*** (21.04)	ln*trade*	0.106*** (4.49)
ln*twonlevel*	0.311*** (6.62)	ln*twonlevel*	0.240** (2.50)
ln*ssch*	0.150*** (7.13)	ln*usch*	0.152*** (6.42)
ln*sschd*1	-0.0169*** (-8.14)	ln*uschd*1	-0.0173*** (-3.93)
ln*sschd*2	0.00949*** (5.22)	ln*uschd*2	0.00886** (2.02)

续表

模型 1		模型 2	
cons	12.38*** (65.45)	cons	12.71*** (18.76)
样本数	464	样本数	464
二阶自相关	0.838	二阶自相关	-0.947
sargan 检验	25.854	sargan 检验	22.676
样本中的省份数	29	样本中的省份数	29
t statistics in parentheses		t statistics in parentheses	

注：* $p<0.1$，** $p<0.05$，*** $p<0.01$。

从估计结果可以看出，低人力资本对全要素生产率的影响存在两个门槛值。小于第一个门槛值时，低人力资本的作用为负。此时，可能是由于人力资本的存量太低，不能对通过引进设备的技术模仿或者是国际贸易中的技术扩散很好地消化与吸收，所以此时低人力资本的增加并不能提高全要素生产率水平，而在第一个门槛值与第二个门槛值之间时，低人力资本对于全要素生产率的影响就比较大，显著为正，大于第二个门槛值时虽然影响也是显著为正，但是从影响的系数来看小于第二个阶段的影响作用。

高人力资本也存在着两个门槛值，它有着与低人力资本相类似的门槛效应，小于第一个值时影响系数较小，显著为负。这说明在一个国家内高人力资本的占比相当小时，增加高人力资本的数量并不能直接正向影响全要素生产率水平。只有在达到一定值时，它的影响作用才会表现出来。当高人力资本继续增加后，它对全要素生产率的作用增加趋势放慢。体现在教育与生产技术水平间的关系上，多数研究将教育的收益设置为一阶层数为正相类似；二阶层数为负相类似，具有内部相洽性。

总的来说，两种人力资本是人力资本的两种异质性表现形式，它们对全要素生产率的影响作用都存在着两个门槛值的门槛效应，对全要素生产率的影响方式相类似，都经历了一个由负到正、由大到小的影响过程。这样的作用与分组计量模型估计的结果相一致。

三、资本积累的门槛效应

$$
\begin{aligned}
\ln tfp_{it} = & \alpha_0 + \alpha_1 \ln tgap_{it} + \alpha_2 p_{it} + \alpha_{31} \ln k_{it}(\ln k_{it} \leqslant \gamma_1) + \\
& \alpha_{32} \ln k_{it}(\gamma_1 < \ln k_{it} < \gamma_2) + \alpha_{33} \ln k_{it}(\ln k_{it} \geqslant \gamma_1) + \\
& \alpha_4 \ln ssch_{it} + \alpha_6 \ln trade_{it} + \alpha_7 \ln twonlevel_{it} + u_{it}
\end{aligned} \tag{4-25}
$$

模型设定，资本积累水平对各国全要素生产率具有重要的影响作用，通过检验可以确定资本积累水平对技术水平产生影响时是否存在着门槛效应。门槛估计值和门槛值是否真实的检验结果见表 4-11 和表 4-12。

表 4-11　资本积累门槛估计值和置信区间

	门槛估计值	95%置信区间
单一门槛模型	11. 868	[11. 845 , 11. 898]
双重门槛模型		
门槛值 2	11. 601	[10. 261 , 11. 611]
门槛值 1	11. 895	[11. 868 , 11. 898]
三重门槛模型	10. 261	[10. 261 , 10. 412]

表 4-12　资本积累门槛效果自抽样检验

模型	F 值	p 值	BS 次数	1%临界值	5%临界值	10%临界值
单一门槛模型	191. 967***	0. 000	300	168. 778	139. 203	107. 190
双重门槛模型	91. 238**	0. 003	300	51. 670	2. 204	-14. 233
三重门槛模型	76. 415*	0. 057	300	125. 442	85. 777	64. 495

从门槛值的置信区间来看，双重门槛模型将三重和单一门槛模型的置信区间包含在内。首先可以排除的是存在三重门槛的可能性，在单一和双重门槛模型间选择时，通过门槛真实的自抽样检验得到的 F 值，可以确定用双重门槛模型较为恰当。相应的估计结果见表 4-13：

表 4-13　资本积累的门槛效应

	模型 1	模型 2
ln*k*	-0.241*** (-26.80)	-0.241*** (-4.32)
p	0.168** (2.02)	0.168 (1.17)
ln*tgap*	-1.001*** (-69.37)	-1.001*** (-15.47)
ln*ssch*	0.275*** (15.13)	0.275*** (5.13)
ln*trade*	0.209*** (19.64)	0.209*** (7.30)
ln*twonlevel*	0.212*** (4.89)	0.212 (1.50)
ln*kd*1	-0.0105*** (-12.47)	-0.0105*** (-6.69)
ln*kd*2	0.0108*** (9.39)	0.0108*** (8.05)
cons	12.77*** (71.19)	12.77*** (16.45)
R^2	0.808	0.808
R^2_ w	0.808	0.808
样本数	1584	1584
F 检验	793.6	97.02
t statistics in parentheses		

注：* $p<0.1$，** $p<0.05$，*** $p<0.01$。

估计结果显示，资本积累对全要素生产率的影响作用存在着两个门槛值。在第二个门槛值之前，投资的影响都是显著为负的，超过第二个门槛值时变为正值。这说明人均固定资产投资只有达到一定值时，它才会表现出对于 TFP 显著的正向影响。发达国家的人均资本存量高于发展中国家，所以对于发达国家而言，增加资本存量对于全要素生产率的提高作用明显且为正向，发展中国家在发展中表现出的是投资水平不断上升，但是技术水平与资本积累水平并没有完全同步上升，这里门槛效应就显现出来了。

在没有到达门槛值水平时，投资对于技术的影响不明显，这也正如克鲁格曼对于东亚奇迹的看法，他认为，东亚国家的经济增长更多的是靠投资和要素投入量增加来实现的，要素投入在经济增长中贡献很大，全要素生产率对经济增长的贡献很小，甚至为 0。从资本积累对技术水平影响的门槛效应来分析，出现这种现象的原因可能是发展中国家的资本存量水平低，资本积累更多地用于扩大规模，而技术投入方面较少。一些学者在对中国及“亚洲四小龙”国家和地区经济增长问题和技术进步问题进行研究时，也提出过类似的结论。对此持不同意见的学者也不少，他们指出了发展中国家投资的特殊性，很多的技术是物化在设备中的，由于固定资产投资更新和增加的速度都很快，同时物化技术表现形式不显著，所以这样的技术进步常常会被忽视或者低估。

技术差距对技术水平的影响也存在着两个门槛值，分别是 4.605 和 7.881。专利表示的创新影响技术水平时，也有两个门槛值，分别为 0.002 与 0.023。得到和检验门槛值的方法与人力资本门槛值的方法完全相同，这里不再重复介绍；同时技术差距与专利对于技术水平的影响的门槛回归结果也没有呈现出来，在这里对估计结果做简要介绍。技术差距对于技术水平的影响情况，在 7.881 以后对技术水平的作用为正向，但是没有通过显著性检验；在 4.605 和 7.881 之间时显著为正，小于 4.605 时显著为正，但是影响系数小于在 4.605 和 7.881 之间时。专利水平对技术水平的门槛效应与技术差距很类似，也是从不显著到显著，影响系数随之变大。

第三节　微观企业模仿向创新转型的实证分析

一、影响厂商创新的因素

从行业技术赶超的理论分析可以看出，技术转型就是在行业中创新的投入越来越多，进行创新活动的企业越来越多，创新投入所占的投资比重与创新企业数占总企业数比重不断上升的一个过程。处于这一阶段的行业中的企业如果能够把握时机果断地进行转型，不但能够成功地避开模仿陷阱，还能加快技术赶超的速度。

对于这一阶段的行业而言，能够对行业内厂商创新决策与创新投入产生影响的因素，同样也会对该行业的技术赶超产生重要的影响。从模型分析中可以看出，技术差距、企业融资、创新效率等都会对厂商的创新产生影响，技术差距与创新效率对创新的影响在宏观模型的理论与实证分析中已经得到证实，本节主要是对于行业中企业的融资、政府的支持与金融支持对企业创新的影响进行分析。企业获得法人投资可能是来自企业本身的留存收益，也可能是通过金融机构，还可能是来自政府的支持等。

在模型中，假设在融资成本相同时老企业获得的投资大于新企业，而在新企业的技术进步方式中，创新与模仿两种形式都是存在的，所以，行业中的新企业若能获得更多的投资，就能提高行业的创新水平，但是模型假定新企业的数量占行业企业数量比重是固定的，因此，在模型中对整个行业平均技术水平有重要影响的是第三类企业（上期创新失败的老企业）的选择，更多的投资会如何影响第三类企业的选择从而影响行业中创新的数量还不能够确定，理想的结果是更多的投资会让第三类企业选择更多的创新，这样，行业中创新的数量就会不断上升，以便很好地实现行业中技术进步模式由模仿向创新的转型。

二、数据选择与模型设定

本节采用中国高新技术产业中医药行业的相关样本数据，对中国医药行业中企业获得的投资对于该行业创新数量的影响进行实证分析。之所以选择医药行业作为样本进行分析，原因是：①医药行业是中国的高新技术产业，它的技术水平与该行业的世界技术前沿差距相对较小，而本书研究的是赶超中的技术转型问题，由模仿向创新的转型是发生在与世界技术前沿距离较近的时点，当与技术前沿距离较远时模仿对技术进步的作用会大于创新。所以，技术水平较高的中国医药行业，能较好地表现这种转型时期行业的技术特点。②医药产业的产业链较短，要么作为中间产品生产其他药品，要么直接作为最终产品进入市场被消费。这个特点与两期模型对企业生产情况的描述较为接近，如果产业链太长，可能一种产品会不断地以中间产品的形式在产品市场上流动，会与模型中两个时期的要求不相符。③数据的可得性。医药行业的相关数据可以在《中国高技术产业统计年鉴》上查到，为分析带来极大的便利。

如表 4-14 所示，本节分析中国医药行业中政府支持以及金融支持、企业自身的产研结合水平等对行业创新水平的影响。在实证分析中，变量分为三类：被解释变量、解释变量、控制变量。创新水平作为被解释变量，用新产品销售收入所占总销售收入的比重来表示，这一比重越大，说明行业中创新的数量越多。解释变量有政府的支持、金融支持、企业自身的产研结合水平。控制变量有创新的效率与企业的规模。数据结构为面板形式，全部数据来自《中国高技术产业统计年鉴》中2000—2008年数据，由于海南、青海、甘肃、宁夏、西藏五个省份的数据缺失严重，所以数据分析时只考虑了26个省份的样本数据。估计模型设定如式（4-26）所示：

$$\ln zb_{it}=\alpha+\beta\ln zb_{it-1}+\beta_0\ln rdzc_{it-1}+\beta_1\ln zfrd_{it-1}+\beta_2\ln jrdk_{it-1}+\beta_3\ln qyrd_{it-1}+\gamma\ln C_{it}+u_{it} \tag{4-26}$$

变量的含义及属性如表4-14所示：

表4-14　变量的含义及属性

序号	代码	名称	经济意义	变量属性	时期	预期符号
1	*zb*	新产品销售收入所占比重	新产品销售收入与产品总销售收入的比值（%）	被解释变量	本期	+
2	*rdzc*	前期的研究开发支出	R&D经费内部支出（万元）	解释变量	前一期	+
3	*zfrd*	政府对创新的支持	科技活动经费筹集额中政府资金（万元）	解释变量	前一期	+
4	*jrdk*	金融对创新的支持	科技活动经费筹集额中金融贷款（万元）	解释变量	前一期	+
5	*qyrd*	产学研的结合	科技活动经费筹集额中企业资金（万元）	解释变量	前一期	+
6	*cxxl*	创新效率	发明专利与研发支出的比值（%）	控制变量	前一期	+
7	*size*	企业规模	年末固定资产原价与企业个数的比值（%）	控制变量	本期	+

基本统计量描述如表4-15所示：

表 4-15　基本统计量描述

Variable	Obs	Mean	Std. Dev.	Min	Max
zb	234	9.948513	7.143934	0.0015711	39.83
rdzc	234	14772.11	21121.98	42	151799
zfrd	234	1250.774	1524.191	11	9218
qyrd	234	26732.7	33678.24	171	231820
jrdk	234	2236.949	3540.884	10	16527

三、模型估计结果与分析

根据本章的理论分析可知，上一期的创新活动会对本期的创新产生影响，所以对模型估计方法仍然采用系统 GMM 估计方法。为了确保估计结果的稳健性，可以分两次进行估计：第一次不考虑控制变量，第二次将控制变量创新效率与企业规模引入。进行估计时，不会对面板数据进行平稳性检验，是因为面板数据是大 N 小 T 型，系统 GMM 估计方法在对面板数据估计时，在平稳性上具有一定优越性。

估计的结果如表 4-16 所示。

表 4-16　对企业创新水平影响的估计

	模型 1	模型 2
L. ln*zb*	0.203*** （11.23）	0.145*** （2.62）
ln*rdzc*	0.140*** （4.18）	0.166*** （4.47）
ln*zfrd*	0.066*** （3.12）	0.056** （2.57）
ln*qyrd*	−0.401*** （−9.54）	−0.410*** （−9.21）
ln*jrdk*	−0.087*** （−10.11）	−0.068*** （−3.95）
ln*cxxl*		0.061*** （2.88）
ln*size*		0.048* （1.61）
cons	4.400*** （13.14）	4.088*** （8.85）
样本数	208	208
二阶自相关	1.068（不存在）	0.731（不存在）

续表

	模型 1	模型 2
sargan 检验	23.41（无法拒绝）	19.159（无法拒绝）
样本中的省市数	26	26
t statistics in parentheses		

注：* $p<0.1$，** $p<0.05$，*** $p<0.01$。

从模型的估计结果来看，模型的设定是合理的，估计结果符合经济意义并通过了相关的统计检验。被解释变量的一阶滞后项对被解释变量的影响显著为正，二阶检验表明不存在被解释变量的二阶滞后项对被解释变量的影响。这与之前的预期结果相同，前期的创新活动会对于本期的创新活动产生影响且影响作用为正，将模型设定为动态是合理的。从表 4-16 数据可以看出，新产品销售收入所占的比重总体是处于一个上升的趋势，说明中国医药行业的创新活动处于不断变化的阶段，并没有处于创新停滞点与条件性的模仿陷阱点。

在两次估计中，前期的研究开发支出的影响作用都是显著为正，这与宏观分析中跨国数据分析和对中国省际面板数据分析时得出的结论是一致的。这也说明不论是从宏观还是微观层面，研究开发支出对创新都具有显著作用，所以在发展中国家技术赶超过程中，加大 R&D 支出水平是提高行业创新水平的一个有效方式。

在两次估计中，政府的支持都是显著为正的，与预期结果相同，说明政府的支持对医药行业的发展有着较为重要的影响。这与中国高技术产业的发展受到政府部门的高度重视与大力支持的现实情况是较为相符的。中国医药行业作为高技术产业的一种，也得到了政府的大力支持。正是由于政府的支持，中国的医药行业实现了快速的增长。在近十年中，中国的医药行业的增长速度保持在 15%以上。

日本、韩国是实现技术赶超成功的国家。在赶超的过程中，这两个国家的政府都对某些行业做出过大力支持，比如韩国政府做出对电子行业、汽车等行业的政策支持，日本政府也做出了对船舶行业、电子电器行业、汽车等行业的支持。正是由于政府的支持，这些行业得到了快速发展和不断壮大，技术水平也不断地逼近世界技术前沿并最终实现了赶超。所以，在行业的技术赶超中，政府的战略性规划及在重点行业的支持对该行业的技术赶超具有重要意义。

估计结果显示，金融机构的支持对创新水平提高的作用是负向显著的，与预期结果相反，说明在中国的医药行业中金融机构对于创新是有抑制作用的。这与融资对第三类企业的选择有关，说明金融机构对企业提供的贷款更多地进入了模仿型企业。换言之，金融机构对创新型企业的支持力度不能低于对模仿型企业的支持力度，所以，金融机构贷款增加，行业中创新的数量反而下降。这也与医药行业研发本身的风险有关，处于研发阶段的药品能否研制成功以及产品的市场前景如何，这些都存在着较大的不确定性，投资的风险高，金融机构不愿意进行投资，特别是长期的投资。

医药行业更多的是得到一些短期的投资，这一特点决定了产品研发成功后企业处于产品推广阶段时短期的债务压力大，盈利能力有限，所以，从高技术产业的医药行业来看，中国的金融机构并没有起到积极推动行业创新的作用，反而阻碍了行业的创新水平。这就要求在技术赶超的行业中，要关注金融机构对行业创新的作用，减少金融机构对创新的抑制，加大金融机构对创新企业的支持力度。

所谓产学研结合，就是要把科学技术的研发部门、教育部门、产品生产部门等部门联合起来。这些部门的社会分工不同，但创新就是将这些不同的社会分工部门的优势资源整合起来，因为创新是需要多方面联合起来发展的系统化、集成化工程。20 世纪 80—90 年代，随着日本“泡沫经济”的破灭，经济增长长期低迷。日本政府为了推动经济发展，在多个方面进行尝试。结果显示：产学研的结合能充分发挥高校、科研机构与生产部门之间的优势，实现优势互补和资源优势整合。而正是政府坚持产学研的结合，才使得日本经济摆脱低迷，重新恢复了活力。

在产学研中，高校与科研机构间的联系较为紧密，但是高校与生产部门的联系较少，产学研结合能极大地发挥高校对于社会生产部门的作用，从而使得高校对于经济增长的作用更加显著。在模型中，用科技活动经费中企业的出资作为产学研的指标，可以看出企业与科学研究机构间的相互结合与集成化协同发展的水平。分析发现，企业的产学研结合对于创新的作用也是与预期结果相反，说明医药行业在产学研方面更多的是对于企业技术的模仿活动的支持，而对于创新活动的支持是小于模仿的。

在行业中创新效率对于企业的创新影响是显著为正的，用专利与研发支出的比值作为创新效率的指标，比值越大说明单位研发支出的创新产出就越高。将创新效率作为控制变量是因为在理论分析中就已经可以确定创新效率对于企业创新水平的提高是有正向作用的。另外一个控制变量是企业的规模，这里企业规模用企业的年末固定资产原价与企业数的比值表示，因为前文的分析已经说明投资对于技术进步和创新的正向作用，所以将它引入模型后估计结果与预期的结果相同，并没有影响估计结果，这说明估计结果是比较稳健的。

四、提高企业创新的能力

企业是市场的主体，企业的创新水平汇聚在一起，就能体现出一个国家的创新水平。企业的创新能力是一个国家创新能力的基础，因此要想在宏观上提高国家的创新能力就必须加强企业的创新能力，将企业的创新能力培养放在一个显著的突出的地位上来（王一鸣、王君，2005）。要充分认识到提高企业创新水平与创新能力对于提高一个国家的技术水平和创新能力的战略性作用。对于企业而言，它们是市场的主体，对于市场的需求了解更多。而技术创新不同于科技研究的地方在于它要将技术成果商业化，追求利润是企业生存和发展所不可缺少的，因此要发挥企业在技术创新中的主观作用，就要将技术创新与企业的利润相结合，以利润为引导，通过改变企业的内部和外部市场环境来促使企业积极主动地提高自身的创新能力，加大企业的创新力度。

企业的外部环境包括产业环境与市场环境两个方面。市场对新技术产品的需求，有利于更多的企业投资于新的技术，提高新产品的供给，充分发挥新产品市场占有率提升快、盈利空间大等优势。第一，就市场环境而言，市场的竞争水平、优胜劣汰都会刺激企业不断地提高自身的技术水平，而创新作为提高技术水平的重要途径，能极大地提升企业的创新积极性，提高自身的创新水平，而对于技术滞后又不能通过有效手段提高技术的企业，竞争让其退出市场，让更有创新能力的企业进入市场，或者在竞争中胜出占有更大的市场份额，获得更多的由创新带来的利润。第二，就市场的开放程度而言，更开放的市场环境对于高技术的产品而言意味着更为广阔的产品需求市场、更大的潜在利润，能提高企业的创新动力；与此相反，如果市场开放程度很低，那么创新产品的销售市场会变小，利润会受到影响从而创新动机也会下降。第三，良好的外部创新环境包括产学研的结合、行业技术链条与创新链条的形成、良好的金融支持、完善的国家创新体系、好的知识产权保护措施等。

从企业的内部环境而言，第一，要有足够的创新投入和良好的创新效率；第二，提高企业的管理能力，提高企业创新的收益；第三，企业家要有优良的创新精神；第四，企业应吸收和培养更多的技术型人才。

第四节　本章小结

本章第一节主要分析了影响由模仿向创新转型的要素在发展中国家和OECD国家两类国家中对技术进步影响的差异性。这种差异性包括，对技术进步影响的显著性不同，影响的方向有正负的不同，影响的作用有大小的不同。这些要素间的组合对技术进步的影响也存在着较大的差异性。

本章第二节主要分析同种要素自身变化对技术影响的差异性。这一节主要采用了面板门槛分析的方法。分析的结果显示：高低人力资本、技术差距、投资水平、创新等因素对技术的影响都存在着门槛效应。这表明了影响由模仿向创新转型的要素其自身的变化水平也会对技术产生不同的影响。结合本章第一节与第二节实证分析的结果，可以证明本书的论断。该论断指出模仿与创新对要素禀赋的要求不同，这两节通过分析影响转型的要素对技术影响的差异性证明了该论断。

本章第三节对中国高技术产业中的医药行业的样本数据进行实证分析。本节实证的目的是想对第二章第三节中的一些结论进行实证研究。另外，由模仿向创新转型的过程中起到影响作用的因素对企业创新有何影响，也是我们研究的对象。

在分析过程中，我们将衡量企业创新水平的指标——企业的新产品销售收入占总销售收入的比重作为被解释变量，研发支出、政府的资金支持、金融机构的贷款、产学研等作为解释变量。分析结果显示，政府的资金支持、企业的规模与创新效率有利于行业的技术创新，而金融机构的贷款、产学研的结合对代表一个行业技术创新水平的新产品销售收入占比有反向的抑制作用。实证分析的结果验证了创新效率、政府支持、R&D 支出对创新的影响。分析结果显示，金融机构的贷款对企业的创新作用为负，这也验证了企业融资成本影响创新的论断。

本章的研究表明：①影响转型的要素在发展中国家和 OECD 国家中对技术进步的影响作用并不相同，存在显著的差异。②同一要素在自身发展的不同水平对技术进步的影响作用也存在差异。③微观企业由模仿向创新转型除了受到宏观的外部因素影响外，还会受到创新效率、政府支持、企业规模、产学研结合、金融等因素的影响。

第五章　技术转型的国际比较

在世界经济的发展中，经常出现这样的情况：有一些国家的技术进步速度很快，以较短的时间完成了对发达国家的技术赶超；而另一些国家在很长的时间内都没有实现技术赶超。前一类国家技术赶超中模仿向创新转型得很快，很快就从一个以模仿主导的国家变成以创新为主导的国家。相应地，这些国家的技术水平也达到了世界前沿。而后一类国家没有实现由模仿向创新转型，模仿仍然是这类国家技术进步的主导模式。相应地，这些国家的技术水平与世界技术前沿还有较大的差距。这两类国家是否完成了由模仿向创新的转型，从它们的创新水平对比就能发现显著的差距。没有完成技术转型的国家，技术进步速度缓慢，甚至是倒退。按照新古典理论，技术进步速度等于经济增长速度，那么，这种技术上的失败会对经济增长产生什么样的影响呢？中国作为一个处于技术转型阶段的国家，转型的要素对中国的影响会和第四章对 OECD 国家和发展中国家的影响相同吗？本章的内容正是围绕这两个问题展开，并回答了这两个问题。

第一节　技术赶超中由模仿向创新转型的国家经验

一、转型成功与失败的国家

从技术赶超的结果来看，韩国与日本是国际上公认的成功实现技术赶超的国家。现今的韩国是 OECD 组织的成员，也是一个高技术与高收入国家。

韩国的船舶业占全球市场份额的40%左右，手机制造业占全球市场份额的20%左右，汽车销量也达到了世界前五，纳米技术跻身世界前四强。

20世纪50年代，韩国还是一个比较落后的农业国家；60年代，韩国仍然以模仿为主导推动技术进步，通过大量的技术引进，提高了本国的技术水平；到80年代这个原本的农业国家已经在多个行业达到了技术前沿水平，成功实现了由模仿向创新的转型，成为一个以自主创新为主导的国家。

韩国的成功为发展中国家技术赶超提供了宝贵的经验，一个农业国家经过二三十年的发展实现了技术的赶超。技术的进步推动了韩国经济的持续增长，1987年韩国人均收入突破3000美元，达到中等收入国家水平；1995年人均收入突破10000美元，步入高收入国家的行列。

日本作为“二战”战败国，在战后完成了废墟上的重建。日本在近代以来，特别是“二战”后，在技术赶超方面取得了令世人瞩目的成就。日本的技术赶超也为世界经济中技术赶超提供了宝贵的经验。日本在战后不断地模仿美国与欧洲国家的技术，先技术引进再消化吸收，然后转化、改造。日本在手表、家用电器、汽车、半导体、计算机等关键行业的技术都是通过引进美国的技术，加以模仿并通过对技术知识的消化吸收实现技术改良。随着日本的模仿水平不断提高，模仿世界先进技术的周期也在不断缩短。日本在技术水平不断提高的情况下，坚持技术立国，不断提高本国的创新能力，并成功地实现了由模仿向创新的转型。现今，日本已经在多个领域与美国、德国等技术强国展开了专利竞赛，成为世界经济中重要的技术输出国。日本也是一个技术赶超中由模仿向创新转型的成功典型。作为一个自然资源贫乏的国家，日本的成功体现了技术在经济增长中的作用，日本技术赶超的经验值得现今的发展中国家学习和研究。

韩国与日本技术赶超成功主要体现在两国在初始时都以模仿为主导推动技术进步，在技术赶超的过程中都实现了由模仿向创新的转型并成为以创新为主导的国家。

一些与日本或韩国初期经济技术水平比较相似，甚至优于韩国的国家，同日本和韩国一样在初始时通过模仿推动技术进步，但是经过几十年的发展，仍然没有成为以自主创新为主导的国家。

阿根廷是赶超失败的典型国家。早在 20 世纪 60 年代，阿根廷就是一个以模仿为主导的国家，模仿活动推动了该国的技术水平提升，促进了经济的增长，但是直到今天它仍然没能实现技术由模仿向创新转型成为一个创新主导的国家。阿根廷 1960 年人均 GNI（国民总收入）已经达到 3795 美元（以 2005 年不变价美元计算），高于当时韩国 1122 美元的水平，高于日本 GNI 水平的 1/2；1980 年阿根廷人均 GNI 为 5264 美元、韩国为 3811 美元、日本为 20950 美元；2000 年阿根廷人均 GNI 为 5254 美元、韩国为 15051 美元、日本为 34394 美元。通过以上数据对比阿根廷与日本和韩国，阿根廷在 40 年的发展中收入水平一直都停留在中等收入阶段，而在 1960—1980 年这 20 年里韩国收入水平一直都低于阿根廷，但在 1980—2000 年这 20 年间，韩国的人均 GNI 突破了 10000 美元，达到了高收入国家的水平。而阿根廷人均 GNI 仍然维持在 20 年前的水平，在 20 世纪 60 年代到 21 世纪初 20 年的发展中被韩国超越，从原来占日本的 1/2 下降到 1/6。

很多的拉美国家（如巴西、巴拉圭、哥伦比亚、玻利维亚等）和东南亚国家（如马来西亚等）与阿根廷情况相似。它们在 20 世纪 60 年代时，经济技术水平要好于当时的韩国，但是直到今天依然没能成为创新主导的国家。

二、转型成败国家创新水平的对比

在技术赶超过程中，当一个国家通过模仿提高了技术水平，并有了相应的技术储备后，就应该积极地提高本国的创新水平和创新能力，积极地推动技术由模仿向创新的转型。下面对这两种类型的国家在创新方面的差异性进行对比。

（一）对创新的投入

日本和韩国对创新的投入非常大，而阿根廷等未实现模仿向创新转型的国家则投入较小。R&D 支出占 GDP 的比重是反映国家创新水平的一个重要指标，一个国家长期保持较高的 R&D 支出水平，说明该国的创新活动多、创新水平高。这项指标在世界的平均水平约为 1.4%，发展中国家一般低于 2%，发达国家大于2%。韩国的R&D支出增长迅速：2004年，韩国超越美国、法国、德国等主要的技术发达国家，于2009年超越日本成为世界R&D支出占GDP比重最高的国家，直到2013年一直居于世界第一的位置。日本在1996年到2009年R&D支出占GDP的比重为全世界最高，直到2009年才被韩国超越。而在拉美国家中，阿根廷R&D支出占GDP的比重长期低于0.6%的水平，不但远低于发达国家的水平，而且也低于1.4%的世界平均水平。

（二）创新的产出

专利是反映创新产出的常用指标。2000年，日本的居民专利申请数量为384201件、韩国为72831件、阿根廷为1062件、巴西为3179件、哥伦比亚为75件；2013年，日本的居民专利申请数量为26959件、韩国为164073件、阿根廷为509件、巴西为4659件、哥伦比亚为260件。从专利数量来看，日本与韩国的专利数量远高于阿根廷、巴西、哥伦比亚等国家，韩国的专利数量增长速度为这5个国家中最高。高科技出口占制成品出口的百分比也是一个反映创新产出的指标。2000年，日本的高科技出口占制成品出口的百分比为28.7%、韩国为35.1%、阿根廷为9.4%、巴西为18.8%、哥伦比亚为7.7%；2014年，日本的高科技出口占制成品出口的百分比为16.7%、韩国为26.9%、阿根廷为6.7%、巴西为10.6%、哥伦比亚为7.7%。日本、韩国的高技术出品占制成品出口的百分比是这3个拉美国家的2~3倍。

（三）人力资本水平

韩国与日本的高等教育入学率远高于阿根廷、巴西、马来西亚等国。根据世界银行公布的数据，在2008年，日本受过高等教育的劳动力所占的比重就已经超过了40%，韩国超过了35%，而阿根廷、巴西、马来西亚等国这一指标增长的速度比较缓慢，直到2014年仍然没有达到25%的水平。从科学家及科技人员占总人口的比重来看，日本与韩国长期保持较高的比重。2012年，日本与韩国每百万人中的科技人员数分别达到了5201人、6456人，是阿根廷、巴西、马来西亚的5倍左右，接近巴拉圭的25倍。

创新方面的差异，除了受研发支出与人力资本水平的影响外，还受到国家的科技政策和创新战略等多重因素影响。本书主要研究转型因素所产生的影响，其他因素的影响不是本书研究的重点，在此不再赘述。

通过对比可以看出，转型成功国家与转型失败国家在创新水平上存在着巨大的差距。阿根廷、巴西、马来西亚等国创新水平比较低，还是以模仿推动技术进步，在技术赶超中并没有实现由模仿向创新的转型。这几个国家较早开始技术模仿，经济发展水平在 20 世纪 60 年代前后就已经达到中等收入国家水平。然而，这些国家在差不多 50 年的发展中并没有实现技术上由模仿向创新的转型，它们的经济发展水平长期停滞在中等收入阶段。根据世界银行的报告，经济发展水平长期停滞在中等收入阶段的国家会陷入“中等收入陷阱”。技术进步是经济增长的主要动力，技术转型的失败定然会对经济增长产生负面影响。

三、转型失败与中等收入陷阱

技术赶超中的转型失败可以为“中等收入陷阱”的形成提供良好的经济学解释。本书从技术赶超的角度分析了发展中国家的技术赶超、技术进步的阶段性特点以及模仿向创新转型时可能存在的模仿陷阱等问题。

笔者认为，本书的研究结论可以较好地从经济学的范畴来解释中等收入陷阱问题。中等收入陷阱的概念最早见于世界银行的《东亚经济发展报告》中，世界银行组织 2007 年所作的《东亚复兴》报告再次提出“中等收入陷阱”并解释了这一概念。所谓“中等收入陷阱”，是指当一个国家或者地区的人均收入水平达到 3000~10000 美元这个阶段时，经济增长的速度将会显著下降，要想突破 10000 美元的上限进入高收入国家的行列很难实现，因为处于这个收入水平的国家其经济发展可能长期停滞甚至是倒退。中国 2008 年的人均收入水平达到 3000 美元，进入了中等收入国家序列，2014 年、2015 年两年，中国经济出现了增长速度下行的现象，过去经济高速增长的趋势难以延续，当前中国也面临着中等收入陷阱的问题。中等收入陷阱对发展中国家的赶超所产生的影响是巨大的，对中等收入陷阱的研究也是学术界倍加关注的领域。

学者们从多个维度对此问题进行了研究。综合起来看，经济学者们主要从以下几个方面展开研究：

(一) 制度方面

研究指出，经济增长方式的转变快于经济发展战略的调整和政治经济体制改革。这样的解释与马克思政治经济学中强调的经济基础与上层建筑之间的关系相类似。制度的滞后会造成各类问题，例如贫富差距过大，社会矛盾增多，无法抵制利益集团对于经济发展带来的不良影响。一些学者认为，拉美国家如哥伦比亚、巴拉圭、巴西、阿根廷等①之所以会长期陷入中等收入陷阱，主要的原因是这些国家内利益集团的力量非常强大。面对强大的利益集团，如果一个国家无法建立起有效的制度对利益集团的行为进行约束，那么，国家经济增长就会被利益集团控制，不利于国家经济发展。

(二) 经济增长对要素的要求方面

发展中国家在摆脱了贫穷陷阱以后，以前的发展方式无法满足新形势下的经济发展需求，在新的经济形势下无法找到新的经济增长驱动力，所以会出现经济增速放缓。吴敬琏指出：“加大投资可以摆脱贫穷陷阱，但是进入中等收入阶段后继续采用高投入来拉动经济增长，将会抑制消费，经济无法实现良性循环。”

(三) 工业化进程方面

钱纳里根据一国所处的工业化阶段将国家划分为三类：前工业化阶段国家、工业化实现阶段国家和后工业化阶段国家。钱纳里对世界经济发展进行实证研究后指出：发达国家由中等收入向高收入的转变过程是伴随着这些国家的工业化进程同步完成的。所以，一个国家陷入中等收入陷阱的主要原因是无法顺利实现工业化，工业化的过程受到多种因素的干扰后陷入中断，经济增长无法持续进行（刘世锦，2011；谢文泽，2004）。

---

① 1962 年的阿根廷已经成功迈入中等收入国家的行列，但直到 2013 年才达到人均收入超过 10000 美元，进入高收入国家的行列。1975 年巴西迈入中等收入国家的行列，至今还没有进入高收入国家的行列。阿根廷和巴西分别在中等收入阶段滞留 51 年和 40 多年。其他拉美国家也有这种现象，而这两个国家表现更为突出。

（四）比较优势的丧失

在进入中等收入国家行列后，许多国家会出现工资水平的上涨。在尚不具备资本和技术优势的时候，工资上涨意味着生产成本上升，竞争力会下降（蔡昉，2011）。模仿阶段的成本优势丧失，由于企业以前更多的是模仿活动，因而企业不具备核心竞争力和缺乏新的经济增长点（陈亮，2011）。

新古典经济学理论认为，经济增长的两大源泉是资本积累和技术进步。新经济增长理论更强调技术进步对于经济增长所起的作用。笔者认为，中等收入陷阱问题的本质是一个技术进步停滞的问题，所以从技术的角度来分析这个问题能更好地解释中等收入陷阱的成因，对它的成因有了清楚的认识之后，才能正确地应对。经济增长停滞在中等收入阶段时，资本的积累往往还在继续，但是经济增长的速度已经放缓。技术的长期停滞是造成这种现象的原因。技术进步是经济增长的源泉，我们所看到的经济增长停滞只是技术停滞甚至倒退的结果。

那么，为什么在中等收入阶段会出现这种技术上的停滞呢？本书中的"模仿陷阱"可以给予很好的经济学解释。当本国的技术水平与世界技术前沿的距离较大时，中等收入国家大多通过技术模仿获得技术上的较快提升。此时，技术的后发优势得到发挥，中等收入国家的技术水平与世界技术前沿的差距将会进一步缩小。

根据本书第三章的理论模型分析与第四章的实证分析可以得知：技术距离对技术进步的作用存在着门槛值。当技术距离很大时，它对技术进步的影响为负，这可以很好地解释那些处于"贫穷陷阱"的经济体的技术进步情况。当它们与世界技术前沿的距离越来越大时，它们的技术水平会越来越低下。处于这个阶段的国家，由于自身资源禀赋与别国差距太大，没有更多的资本投入，所以，即使有技术差距的存在，也无法将这种后发优势发挥出来。

随着技术差距的缩小，那些越过"贫穷陷阱"的国家模仿的难度逐渐增大，可模仿的空间逐渐缩小。此时，它们就会面对一个技术转型的问题，要通过模仿提高本国的技术储备水平，改变本国的资源禀赋结构。技术结构内生于资源结构，随着资源结构的不断优化，技术进步模式就要向创新转型。这步转型如能成功实现，那么技术进步就会以新模式继续；如果不能成功转型，就会陷入“模仿陷阱”。一旦技术陷入“模仿陷阱”，技术进步就可能长期停滞，甚至是倒退。

所以，可从技术的角度来解释中等收入陷阱的形成原因。其原因在于，技术由模仿向创新主导转型失败而陷入技术“模仿陷阱”，技术进步不能持续，无法实现与发达国家在技术上的收敛。由此可知，成功跨越“模仿陷阱”是解决中等收入陷阱的重要手段。

根据新经济增长理论，技术进步是经济增长的主要源泉，所以“中等收入陷阱”与“模仿陷阱”是现象与本质的关系，中等收入陷阱的出现不仅仅是统计学现象，还反映了发展中国家在实现技术赶超阶段的过渡问题。要解决“中等收入陷阱”问题，必须先解决中等收入国家技术进步的问题。日本、韩国由中等收入国家成功迈入高收入国家行列的历史经验表明，两国在中等收入阶段时为推动本国技术进步所付出的巨大努力，使得两国在中等收入阶段技术持续进步，完成了技术赶超中由模仿向创新的成功转型，这种技术转型的成功使得日本、韩国成功迈入高收入国家行列。

第二节　中国转型的过程与经验

在技术转型国家中，中国是一个很好的例子。过去，中国在模仿中提升了技术水平，具备了一定的技术知识储备；现在，在政府的领导下，中国开始了以创新为目标的国家发展战略。

作为世界上人口最多的发展中国家，中国在过去的40多年中经济保持了较高水平的增长，在经济增长的同时技术水平也得到大幅提升。但是，我国现在还不是一个发达国家，与发达国家相比无论是人均收入还是全要素生产率，都存在着一定差距。

一、中国转型的基本情况

世界经济信息网的数据显示，中国的GDP总量从2008年开始已经超过日本，成为世界第二大经济体。按照购买力平价来测算，中国的GDP占世界GDP的17%，人均收入水平从2008年开始已经迈入中等收入国家的行列。2015年，中国的GDP总量已经远远超过位居第三的日本，是日本的2.6倍。中国经济的总量长期增长提高了中国在世界经济中的份额，缩小了与美国经济在总量上的差距。从人均产出水平来看，人均GDP已经超过8000美元。2010年以来，我国在科技创新方面取得了显著成效。根据科技部公布的数据，2015年我国科技进步对经济增长的贡献率达到55.1%，专利和发明专利的申请与授权数量都达到了世界第1位。《国家创新指数报告2015》对世界各国创新能力进行排名，中国排名第18位，与2014年相比创新排名稳中有进。由此可以看出，党的十八届三中全会确定的科技体制改革各项任务正在加快推进，改革的成效已初步显现，科技对经济社会发展的支撑和引领作用日益突出。

（一）中国的储蓄、投资、对外贸易发展

国民经济的产出，一部分用于消费，另一部分用于储蓄。根据马克思、恩格斯关于扩大再生产的理论，正是由于将收入中的一部分储蓄转化为投资再次投入生产，从而实现了生产规模的不断扩大。由于投资对于技术进步的影响作用是正向显著的，所以高的投资率有一个必要条件就是要有高的储蓄率。

中国是一个高储蓄率的国家。人民网海外版提到，中国储蓄率50%，居世界第1位；而中国居民储蓄率仅为20%。国家统计局公布的相关资料显示：中国的储蓄率近20年来几乎都是全球最高，而且上升的速度很快，从1992年的35%上升到2012年的59%，国民收入的大部分都用作了储蓄。从1992年到2012年居民的储蓄率均为20%，而国家和企业的储蓄率比居民储蓄率要高并且上涨的速度更快。所以，中国是一个名副其实的高储蓄率国家，这为中国的投资水平不断上升提供了必要的条件。

基于高储蓄率，相应地，中国也有着世界最高的投资率水平。中国的投

资形成率（资本形成总额与国内生产总值的比值）近 10 年间都是在 50%左右，远高于世界平均水平的 22%。从 2012 年至 2014 年中国各省份统计年鉴中可以发现，中国有一半省份的资本形成率达到了 60%，有 6~8 个省份高达 80%。根据分析可知，投资对技术的水平值、投资变化率对技术进步都有显著的正向作用。所以，中国的高储蓄率导致的高投资率对中国技术进步和经济增长发挥着重要作用。表 5-1 是 1990 年至 2013 年中国城乡居民人民币储蓄存款年增加额。

表 5-1　1990—2013 年中国城乡居民人民币储蓄存款年增加额　　单位：亿元

年份	1990	1991	1992	1993	1994	1995	1996	1997
存款增加额	1935. 10	2125. 30	2512. 40	3446. 24	6315. 26	8143. 46	8858. 58	7759. 00
年份	1998	1999	2000	2001	2002	2003	2004	2005
存款增加额	7124. 67	6214. 36	4710. 55	9430. 05	13148. 20	16707. 00	15937. 70	21495. 60
年份	2006	2007	2008	2009	2010	2011	2012	2013
存款增加额	20544. 00	10946. 90	45351. 20	42886. 30	42530. 80	403330	55915. 20	48050. 00. 6

资料来源：中华人民共和国国家统计局（www. stats. gov. cn）。

表 5-2 是 1990 年至 2013 年中国全社会固定资产投资额按当年价计的数值，从表中可以看出中国全社会固定资产投资在近 20 年里一直保持着高速的增长。

表 5-2　1990—2013 年中国全社会固定资产投资　　单位：亿元

年份	1990	1991	1992	1993	1994	1995	1996	1997
全社会固定资产投资	4517. 0	5594. 5	8080. 1	13072. 3	17042. 1	20019. 3	22913. 5	24941. 1
年份	1998	1999	2000	2001	2002	2003	2004	2005
全社会固定资产投资	28406. 2	29854. 7	32917. 7	37213. 5	43499. 9	55567. 0	70477. 4	88773. 6
年份	2006	2007	2008	2009	2010	2011	2012	2013
全社会固定资产投资	109998. 0	137324. 0	172828. 0	224599. 0	251684. 0	311485. 0	374695. 0	446294. 0

资料来源：中华人民共和国国家统计局（www. stats. gov. cn）。

改革开放以来的 40 多年里，中国的进出口总额始终保持着快速增长，在 GDP 中的比重也在快速增长。从国家统计局公布的数据看，1978 年，中国的进出口总额为 206.45 亿美元，2008 年达到了 25633 亿美元，2013 年达到 41590 亿美元。2014 年，我国进出口的实际增长率达到 3.4%，其中出口增长率为 8.7%，进口增长率为 3.3%。

世界贸易对技术进步具有重要的影响。中国经济积极地融入世界经济，并通过对外贸易的长期发展提高了本国的经济增长水平；同时，也在世界贸易中提升了本国的技术水平。

表 5-3 是中国在高技术产品方面的进出口情况：进出口总额从 1995 年的 319.18 亿美元增长到 2013 年的 12185 亿美元，年平均增长率达到 22.4%；出口额从 1995 年 100.91 亿美元增长到 2013 年的 6603 亿美元，年平均增长率达到 26.1%；进口额从 1995 年的 218.27 亿美元增长到 2013 年的 5582 亿美元，平均增长率达到 19.7%。

表 5-3　1995—2013 年中国高技术产品进出口额　　单位：亿美元

年份	1995	2000	2005	2008	2009	2010	2011	2012	2013
进出口额	319.18	895.5	4159.7	7574.25	6867.84	9050.34	10120	11080.3	12185
出口额	100.91	370.43	2182.48	4156.06	3769.3	4923.79	5488	6011.7	6603
进口额	218.27	525.07	1977.08	3418.2	3098.53	4126.55	4632	5068.6	5582

资料来源：历年《中国统计年鉴》。

从中国高技术产品的进出口额中可以看出，出口额大于进口额。从增长率上来看，出口的增长率也是大于进口的增长率，这说明技术水平的提高在中国的经济增长中的作用已经显示出来。

表 5-4 列举了英、美、德、日、韩几个主要的 OECD 国家高技术产品出口额的数据。将这些国家的数据与中国对比，可以看出中国高技术产品出口额的增长速度快于这 5 个国家，从 1995 年的 1305735 万美元的组内最低水平增长到 2013 年 56005833 万美元的水平。这已经是组内最高的出口额，绝对值水平远超其他 5 个国家。

表 5-4 1995—2013 年主要 OECD 国家与中国高技术产品出口

单位：万美元

国家	1995 年	2000 年	2005 年	2010 年	2011 年	2012 年	2013 年
英国	5157025	7171749	8253826	6017282	6961189	6778697	2421574
美国	12675930	19746601	19073724	14549780	14527337	14877249	14783317
德国	6058152	8554157	14638884	15850704	18337144	18335436	19308796
日本	11183977	12890219	12544549	12210219	12647750	12341177	10507561
韩国	2978628	5433260	8390732	12147814	12202144	12131261	13046043
中国	1305735	4173554	21592841	40608969	45710656	50564568	56005833

资料来源：世界银行数据库。

（二）中国的创新能力

近年来，中国在技术创新水平上表现良好。《国家创新指数报告 2014》（以下简称《创新报告》）指出，中国创新的主要指标已达到世界领先水平，这些主要指标的长期发展趋势良好。《创新报告》指出，在中国几个主要创新指标中，研发支出无论从绝对值还是研发支出占 GDP 的比重，都达到较高的水平。从绝对值上来看，中国超越日本，成为仅低于美国的研发投入大国。从占比上来看，中国研发支出占 GDP 的比重已经超过 2%。这一水平高于世界平均 1.4%的水平，接近 OECD 国家的平均水平。中国的国际论文发表数量和被引用量都位于世界前列。R&D 对技术创新和技术进步具有重要的意义，中国政府十分重视国家的技术创新能力和创新水平，所以中国的 R&D 支出水平增长很快。表 5-5 是英国、美国、德国、日本、韩国、中国的 R&D 支出占 GDP 的比重。从表中可以看出，中国的 R&D 支出在不断增加，占 GDP 的比重也在不断上升。

表 5-5 研发支出占 GDP 比例

单位：%

国家	1996 年	2000 年	2004 年	2008 年	2009 年	2010 年	2011 年	2012 年	2013 年
英国	1.71444	1.73110	1.61315	1.68839	1.74501	1.69164	1.69253	1.63140	1.62529
美国	2.44182	2.62050	2.48995	2.76683	2.81578	2.73716	2.76547	2.80604	2.82332
德国	2.13894	2.39503	2.42403	2.60090	2.72789	2.71513	2.79725	2.87685	2.85341
日本	2.76501	3.00169	3.13320	3.46706	3.35734	3.25394	3.38313	3.34314	3.47409

续表

国家	1996年	2000年	2004年	2008年	2009年	2010年	2011年	2012年	2013年
韩国	2.24098	2.18023	2.53248	3.12343	3.29324	3.46594	3.74361	4.02554	4.14853
中国	0.56513	0.89767	1.22349	1.45730	1.67871	1.72720	1.79438	1.92810	2.01466

资料来源：世界银行数据库。

中国的创新成果也很丰富。1995年，中国的国内发明专利申请数量为10018件，处于组内最低的水平；2013年，我国国内发明专利申请的数量为704936件，成为组内最高，这一数据也是全世界最高的。我国现在已经成为全球发明专利申请与授权量最多的国家。在发明专利的数量上，中国超越了美国并成为发明专利申请与授权最多的国家。从专利的水平来看，中国的创新成果取得了世人瞩目的成绩（见表5-6）。

表5-6 国内外专利授权数 单位：件

专利	1995年	2000年	2005年	2008年	2009年	2010年	2011年	2012年	2013年
专利授权数	45064	105345	214003	411982	581992	814825	960513	1255138	1313000
发明	3393	12683	53305	93706	128489	135110	172113	217105	207688
实用新型	30471	54743	79349	176675	203802	344472	408110	571175	692845
外观设计	11200	37919	81349	141601	249701	335243	380290	466858	412467

资料来源：历年《中国统计年鉴》。

在过去的40多年里，中国的人力资本水平有了很大的发展。第六次全国人口普查公布的数据显示：中国平均受教育年限在不断上升，高科技人才的数量也在不断增加。表5-7是每百万人中科学家和工程师的人数，中国的数据一直是组内最低的。这说明中国的人力资本水平虽然有了一定的发展，但在高人力资本储备方面还很薄弱。中国在提高平均人力资本水平的同时，也需要更多高精尖的科技人才。

表5-7 R&D研究人员 单位：每百万人

国家	1996年	1998年	2000年	2002年	2004年	2006年	2008年	2010年	2011年
英国	2488	2693	2893	3334	3817	4190	4108	4134	4026
美国	3102	3367	3455	3608	3740	3755	3884	3838	3979

续表

国家	1996年	1998年	2000年	2002年	2004年	2006年	2008年	2010年	2011年
德国	2760	2847	3088	3176	3223	3342	3628	3950	4085
日本	4947	5212	5151	4935	5157	5387	5158	5151	5158
韩国	2213	2034	2357	3059	3338	4229	4933	5451	5928
中国	439	384	543	626	707	923	1186	890	963

资料来源：世界银行数据库。

表5-8是中国研发人员的全时当量与经费支出的数据。从数量上看，这两项都在不断增长，而且增长的速度较快。全时当量由1995年的75.17万人/年达到了2013年的353.3万人/年，经费支出由1995年的348.69亿元达到了2013年的11846.6亿元，这两项的平均增长率均超过了18%。

表5-8 研究与试验发展人员全时当量及经费支出

年份	1995年	2000年	2005年	2008年	2009年	2010年	2011年	2012年	2013年
人员全时当量（万人/年）	75.17	92.2	136.48	196.54	229.13	255.38	288.3	324.7	353.3
经费支出（亿元）	348.69	895.66	2449.97	4616.02	5802.11	7062.58	8687	10298.4	11846.6

资料来源：历年《中国统计年鉴》。

（三）产业结构调整与城市化水平

在过去的二十多年里，中国的产业结构水平不断优化，城乡二元结构发生了明显的变化。中国第一产业的从业人数不断下降，第二、三产业从业人数不断上升。中国劳动力从第一产业向第二、三产业转移的速度较快，对中国的产业结构优化起到了积极的作用。见表5-9。

表5-9 三次产业就业人员数 单位：万人

	1990年	1995年	2000年	2005年	2010年	2011年	2012年	2013年
就业人员	64749	68065	72085	74647	76105	76420	76704	76977
第一产业就业人员	38914	35529.9	36042.5	33441.9	27930.5	26594	25773	24171

续表

	1990 年	1995 年	2000 年	2005 年	2010 年	2011 年	2012 年	2013 年
第二产业就业人员	13856	15655	16219. 1	17766	21842. 1	22544	23241	23170
第三产业就业人员	11979	16880. 1	19823. 4	23439. 2	26332. 3	27282	27690	29636

资料来源：中华人民共和国国家统计局（www. stats. gov. cn）。

1980 年，中国城市人口仅占总人口的 19%；2015 年，城市化率已经达到 55%。2020 年，中国的城市化率达到 63. 89%，约有 9 亿人口居住在城市。《中国统计年鉴》的数据显示：中国约有 2. 74 亿城市居民的现有居住地不是自己的家乡。经合组织的研究报告显示，广东省约有 1/3 的居民并非广东本地人。

二、转型要素对中国技术进步的影响

（一）模型设定与数据选择

本节主要运用中国各省份的面板数据对影响全要素生产率水平值及增长率的因素进行实证分析。第三、第四两章通过理论分析以及对跨国数据的实证分析，证实了创新活动（R&D，专利）、人力资本、科学家及科技人员数量、与世界前沿国家的技术差距、国际贸易、城市化水平都会对技术进步产生影响。

本节将检验两个模型，一个用于分析上述创新活动、人力资本等因素对全要素生产率的影响；另一个用于估计这些因素的变化率对全要素生产率增长率的影响。模型设定如下：

模型 1：

$$\ln tfp_{it} = \beta_0 + \beta_1 \ln tfp_{it-1} + \beta_2 \ln i_{it} + \beta_3 \ln jsyj_{it} + \beta_4 \ln patent_{it} + \beta_5 \ln rd_{it} + \beta_6 \ln hp_{it} + \beta_7 \ln wmjb_{it} + \beta_8 \ln fdi_{it} + u_{it} \tag{5-1}$$

模型 2：

$$tfpg_{it} = \beta_0 + \beta_1 \Delta \ln tfp_{it-1} + \beta_2 \Delta \ln i_{it} + \beta_3 \Delta \ln jsyj_{it} + \beta_4 \Delta \ln patent_{it} + \beta_5 \Delta \ln rd_{it} + \beta_6 \Delta \ln hp_{it} + \beta_7 \Delta \ln wmjb_{it} + \beta_8 \Delta \ln fdi_{it} + u_{it} \tag{5-2}$$

1. 估计数据采用省份（29 个省份）面板数据

估算全要素生产率要使用的数据有各省份 GDP、年末就业人数、固定资产投资额、固定资产投资指数。全要素生产率的估算方法采用索罗残值法测算。名义 GDP 以 1990 年为基期按生产指数平减得到；固定资产投资额以 1990 年为基期，用固定资产投资指数平减得到。其中，浙江、广东两省固定资产投资数据在个别年份有缺失，所以采用居民消费价格指数估算得到。

2. 资本存量的核算采用永续盘存法进行核算

先用固定资产投资指数进行平减固定资产投资，再采用本期=上期×0. 9+本期平减后的固定资产投资。基期值通过第一期的平减固定资产投资除以固定资产投资平均增长率与折旧率的和得到。在这里，折旧率取值与跨国数据一样，为 0. 1。

在省份选择上，东部选择北京、天津、河北、辽宁、上海、江苏、浙江、福建、山东、广东和海南等 11 个省（直辖市）；中部选择山西、吉林、黑龙江、安徽、江西、河南、湖北、湖南；西部选择四川、贵州、云南、陕西、甘肃、青海、宁夏、新疆、广西、内蒙古。

3. 模型估算

在得到各省份全要素生产率及增长率的数据后，开始估算模型 1 和模型 2。模型中，ln*tfp* 表示全要素生产率的对数值；$\ln tfp_{it-1}$ 表示滞后一期全要素生产率的对数值；ln*i* 表示固定资产投资额以 1990 年为基期的固定资产投资指数平减后的对数值。ln*jsyj* 表示技术按流向地的各省技术引进合同金额，用来描述各省的技术引进情况。ln*patent* 表示专利数的对数值，这里的专利数采用各省的专利授权数量，而不是专利受理数量。专利包括发明专利、实用新型专利、外观设计专利三种。

ln*rd* 表示研发支出存量的对数值，研发支出存量的核算采用永续盘存法进行核算。研发支出用固定资产投资指数进行平减，再采用本期=上期×0. 9+本期平减后的研发支出。基期值通过第一期的平减研发支出除以研发支出平均增长率与折旧率的和得到，这里折旧率选择与跨国数据一样的值 10%。

ln*hp* 是各省平均受教育年限的对数值，平均受教育年限根据各省统计年鉴中公布的受教育程度的数据进行核算，具体按照小学 6 年、初中 9 年、高中 12 年、大学本科 16 年、专科 15 年、研究生及以上 19.5 年的标准进行核算。核算结果在模型中作为人力资本的指标。ln*wmjb* 表示的是对外贸易总额占 GDP 的百分比的对数值，ln*fdi* 表示外商直接投资额的对数值。

以上数据来源于历年《中国统计年鉴》《中国科技统计年鉴》《中国教育统计年鉴》以及各省份历年统计年鉴。

（二）计量结果与分析

估计方法仍然采用系统 GMM 估计的方法，它的好处是在数据平稳性上有优越性，正是系统 GMM 估计的这种优势及面板数据的大 N 小 T 特点，我们并没有对模型 1 中的数据进行协整分析。模型 2 中平稳性检验的结果显示变量都是平稳的。两个模型估计结果如表 5-10 所示。

表 5-10　对技术水平及其增长的影响估计

模型 1		模型 2	
L. ln*tfp*	0.818*** (19.74)	L. *tfpg*	−0.188*** (−6.00)
ln*i*	0.037*** (3.43)	D. ln*i*	0.039** (2.38)
ln*jsyj*	−0.012** (−2.13)	D. ln*jsyj*	−0.001 (−0.42)
ln*patent*	−0.059*** (−5.89)	D. ln*patent*	−0.044*** (−4.64)
ln*rd*	0.094* (1.96)	D. ln*rd*	0.116*** (3.84)
ln*hp*	0.175*** (5.93)	D. ln*hp*	0.029 (1.28)
ln*rdp*	0.001 (0.08)	D. ln*wmjb*	0.011* (1.78)
ln*wmjb*	0.045*** (6.23)	D. ln*fdi*	0.008 (1.62)
ln*fdi*	−0.009*** (−3.60)	D. ln*rdp*	0.065*** (6.97)
cons	−0.476 (−0.84)	cons	−0.022*** (−7.94)
样本数	464	样本数	464
二阶自相关	0.838	二阶自相关	−0.947
sargan 检验	25.854	sargan 检验	22.676
样本中的省份数	29	样本中的省份数	29
t statistics in parentheses		t statistics in parentheses	

注：* $p<0.1$，** $p<0.05$，*** $p<0.01$。

模型 1 的被解释变量为全要素生产率，从结果可以看出，前期的全要素生产率对本期的作用显著为正，与经济学意义相一致。在经济学中，从罗默建立的知识生产函数开始，人们已经渐渐形成这样的共识：新的知识是在原有知识的基础之上得来的。原有的知识存量越多，就越可能在下一次新知识的创新活动中成功。如果将技术与知识做一个类比，可以发现技术也有这样的特点：前期的技术会对后一期的技术产生正向影响。

投资的系数显著为正，这一结果与投资对技术进步的影响相一致。投资的系数为正，说明中国现阶段投资的增加可以提高全要素生产率水平。中国的投资中包含有很多技术投资的成分，比如技术设备的购买、新生产线的引进、对基础设施的投入等。现阶段，中国经济的发展和技术水平的提高都与中国的高投资水平有着重要关联，因此，不能忽视中国的高投资率水平对技术赶超的作用。有学者认为，中国经济的增长主要依靠投资驱动，全要素生产率在经济增长中的作用不显著。本章的跨国数据实证分析说明了投资对于技术进步的重要性，中国的投资既有经济增长的效应，也有技术赶超的效应。

技术引进的影响显著为负，可能出于以下三个原因：第一，通过技术引进来提高技术可能存在着时间上的滞后性。模型 1 没有考虑它的滞后项的影响，只是将它的滞后项作为工具变量纳入模型的估计过程。第二，技术引进后没能很好地消化与吸收。一些学者发现：中国各省份的技术引进作用并不一致，东部省份技术引进的作用明显，而西部省份由于人力资本水平相对较低，所以引进技术的消化、吸收、转化能力不足，二次创新能力不足。第三，处于转型阶段的省份可能存在着引进技术对自主创新技术的挤出效应。

对企业的创新决策进行分析，发现一个厂商获得技术可以有两种选择：购买获得和自主创新获得。如果厂商更多地选择购买技术而不是通过自主创新获得技术，那么，最终的结果将是技术进步停滞，甚至发生倒退。总的来说，技术引进的影响为负，可能是影响滞后的原因，也有可能是技术消化与吸收的问题，还可能是它对自主创新活动的挤出效应。所以，现阶段，中国各省份在技术引进时要考虑本省份的技术水平与人力资本水平，不能盲目地进行技术引进。如果引进的技术不能被很好地转化成自身的技术知识存量，就不能发挥技术引进的作用。

专利的影响为负，这一点与本书实证分析的结论不一致。为什么专利作为一个创新的表现指标对技术进步的作用显著为负？要回答这个问题，首先要对中国的专利有一个比较清楚的认识。

中国的专利数量已经超越美国成为世界第一，但是，中国专利中实用新型和外观设计类专利占比较大，发明专利占比较小。在对专利的研究中，一些学者将发明专利当作创新指标而将另两种专利当作模仿的指标。当专利数不断上升时，另两种专利的增加量要大于发明专利的增加量。因此，专利对技术的影响可以理解为创新与模仿的交互项对技术的影响。它的影响因素为负，则说明中国在样本时期内创新与模仿相互结合的效果不好。

研发活动对技术的影响为正，符合经济学意义。国际上，各个国家不断地提高本国的 R&D 支出水平，以此提高本国的技术水平。在我国，R&D 支出对技术的作用依然很显著。根据 2015 年 OECD 的统计，中国已经成为一个创新大国。数据显示：中国 R&D 支出的绝对值已经超越日本；R&D 支出占 GDP 的比值也在上升，已经达到 2.1%，这与 OECD 国家的平均水平 2.4%比较接近，甚至超过欧盟 28 个国家的平均 1.9%的水平。从估计结果上来看，我国 R&D 支出增加对技术进步作用是显著的。中国政府加大 R&D 支出水平无疑是一个正确的决定，也为我们实现技术赶超提供了有力的支持。

各省份平均人力资本水平对技术进步的影响显著为正，再一次体现了人力资本对技术的重要性。我国政府坚持实施“科教兴国”战略，体现了人力资本对国家发展的重要作用。科技人员对技术进步的影响系数为正，但没有通过显著性检验，这说明现阶段科技人员对技术水平的影响作用还没有显现出来。我国的科技人员数量已经跃居全球第一。我们应该充分利用这一资源，大力发挥科技人员在技术创新方面的优势，将科技人员的数量优势转化为技术优势。如果将科技人员当作与平均受教育年限（人力资本的平均水平）相对应的高人力资本的话，根据模型估计结果，现阶段中国的高人力资本还没有发挥出它在创新方面的优势，这也佐证了中国现在还不是一个以创新为主导的国家。要发挥我国高人力资本的优势，由模仿向创新转型是必要的，这样才能加大对高人力资本的需求。如果不转型，就可能造成高人力资本的浪费，这对于中国这样的发展中国家的技术赶超将是严重的阻碍。

在发展中国家，虽然国家的人力资本水平较低，却有大量的大学生失业，而大学生属于高人力资本群体。经过3年新冠疫情之后，中国也出现了大学生就业难的问题，这说明由模仿向创新转型以加大对高人力资本人才的需求，对中国这样处在技术赶超阶段的发展中国家是非常重要的。这也证明了中国政府提出的创新战略——将创新作为中国经济增长的一个新引擎，是在充分考虑中国处于技术赶超阶段和中等收入的经济发展阶段这一国情之后提出的实事求是的方针政策。

对外贸易的影响显著为正，说明对外贸易对中国技术进步具有重要的作用。改革开放以来，中国的对外贸易不断发展。近10年间，中国的对外贸易额长期占到GDP的70%以上，成为推动中国经济增长的重要动力。根据国际技术扩散理论，国际贸易是国际技术溢出和扩散的一个重要途径。从影响作用来看，国际贸易实实在在地提高了中国的技术水平。关于中国对外贸易对本国技术水平的影响，学者们大都认为，中国参与国际贸易活动对中国的技术水平有提高作用，至少没有出现“贸易恶化论”所描述的情况。

外商直接投资（FDI）的影响为负，说明我国利用外资的水平要进一步提高。在研究FDI对东道国技术进步的影响时，很多研究已经指出FDI的影响存在着门槛值，而这个门槛就是东道国对于FDI的吸收能力。当吸收能力低下时，FDI的作用不能发挥出来，还有可能对本土投资产生挤出效应。也有学者在对外资进行研究时指出，外资对于本土品牌存在挤出作用，很多本土品牌被外资收购或者被迫退出市场。从估计结果来看，中国可能也面临着对FDI的吸收能力不强以及本土品牌被外资挤出的情况。所以，要加强对FDI的利用水平，同时要做大做强本土品牌，减少外资对本土品牌的挤出效应。

模型2是各影响因素的变化对全要素生产率增长率（技术进步）的影响。投资、研发支出、对外贸易的变化率对技术进步的影响，与模型1中各变量的水平值对全要素生产率（技术水平）的影响作用相同，都是显著为正。这说明提升投资率水平、不断提高R&D支出水平和对外贸易水平均会对技术进步起到显著的推动作用。

专利水平增长率对技术进步的作用为负，专利中实用新型专利和外观设计专利占比重更大，增长速度也快于发明专利。所以，专利增长率虽然是一个与创新的交互项，但从内部构成上来分析，它更多地体现为模仿的增长率。影响系数为负，说明中国已经处于技术转型的关键阶段，此时提高模仿增长率会降低技术进步的速度，对技术进步产生不利的影响。如果这种不利影响继续加强，则中国可能会出现技术进步停滞，甚至出现技术倒退，中国很有可能因此陷入“模仿陷阱”。

现阶段，中国政府积极倡导创新、实现技术转型，这是防止陷入“模仿陷阱”的正确举措。与模型 1 对比，FDI 与技术引进的变化对技术进步的影响变得不再显著。这说明现阶段 FDI 和技术引进作为技术模仿的两种渠道，它们的变化对技术进步的影响作用不大。与代表创新的 R&D 支出变动以及科学家科技人员的变动相比，创新的投入和创新所需要的高人力资本对我国的技术进步所起的作用更为显著。

三、中国的转型经验

本节分析了中国技术赶超的情况，对中国技术赶超中所处的阶段进行了分析判断。

目前，中国处于技术发展的转型阶段。本书在分析了中国经济取得的成绩和面临的问题之后，论证了中国由模仿向创新转型的必要性和必然性，同时也指出了中国技术转型所面临的困难。

本章利用中国省际面板数据建立实证模型，分析了人力资本、投资、创新与模仿活动、对外贸易等因素对中国全要素生产率的影响，同时也分析了这些影响因素的变化率对于全要素生产率的增长率的影响。结果显示，无论是全要素生产率水平值还是生产率水平值的变化率抑或是全要素生产率的增长率，投资、R&D 支出、对外贸易的发展这三个变量的影响都显著为正。

研究表明，在转型阶段的中国，投资、R&D 支出、对外贸易对中国的技术赶超所起作用非常明显，应该加大这三方面的投入力度。外商直接投资

(FDI) 与技术引进对全要素生产率水平值的影响为负，技术引进的变化率对全要素生产率增长率的影响为负，FDI 的影响不显著。这说明 FDI 与技术引进对中国技术水平的影响已经为负，甚至有可能对技术水平提高产生不利的影响。出现这样的结果，原因可能是：第一，中国利用外资的水平不高；第二，FDI 对本土企业具有挤出效应；第三，作为模仿的重要方式，技术引进抑制创新活动。由于引起这种现象的原因不影响本书的主要结论，所以本书中只是做了初步的判断而没有展开深入分析。

平均人力资本水平对技术的水平值的影响显著为正，而它的变化对技术进步率的影响并不显著。正好与之相反的是，代表高人力资本的科学家和技术人员的影响对前者不显著而对后者显著为正。这充分说明现阶段中国更需要增加高人力资本来推动技术进步。平均人力资本水平的增长能提高全要素生产率的水平值，也就是说，人力资本的平均值对于全要素生产率有水平效应，没有增长效应。而要促进全要素生产率增长率的提高，则需要更多的高人力资本，也就是说，高人力资本对技术的增长效应影响显著，而对水平效应影响并不显著。这可能与中国现阶段高人力资本在总人口中所占比重较低有关。因为占比较低，所以高人力资本对于全要素生产率的作用并不显著。

综上所述，为了进一步加快我国的技术进步，提高技术水平，将创新作为经济增长新的驱动力，我们需要更多的高人力资本。

第三节　模仿向创新转型对于发展中国家赶超的重要性

一、转型有利于发展中国家要素结构的升级

在模仿与创新阶段，对要素的需求是存在差异的。创新需要更多的高质量要素投入，如果发展中国家积极地推动由模仿向创新的转型，那么，高质量要素的需求就会增加。随着这种需求的增加，高质量要素的价格就会上升，相应的高质量要素供给也会增加。因此，在发展中国家中低质量要素的占比会下降，高质量要素的占比会上升，要素结构会不断优化升级。

根据第四章与本章的实证分析结论可知：高、低两种人力资本在以模仿为主导和以创新为主导的国家所起到的作用是不同的。在创新为主导的国家和中国这样的转型国家中，低人力资本的增加对技术进步的影响不显著，高人力资本的增加对技术进步的影响显著。所以，更多的创新需要更多的高人力资本，高人力资本需求的增加又会促进人力资本的积累。如此，则高质量人力资本的占比就会不断上升，人力资本的结构就会不断升级。反之，如果因为创新数量少而对高质量人力资本的需求下降，那么就会产生相反的作用，高质量人力资本占比下降，技术由模仿向创新转型会变得更加困难。

转型有利于资本结构的优化升级，创新数量的增加有利于资本向高新技术产业等更高级别的产业转移。模仿数量过多，低技术行业会占用较多的资本，而低技术行业的附加值和资本收益率也相应较低，高技术行业的附加值较高。如果资本更多地进入高技术行业，就能得到更高的收益率。收益率的提高，会吸引更多的资本进入高技术产业，如此循环下去，资本结构会不断地优化升级。

转型有利于资源结构的优化升级。技术赶超中处于模仿阶段的国家，往往会通过不断扩大生产规模来降低成本。在生产方式上，更容易采用“粗放型”方式，这种方式容易导致资源使用浪费、环境污染严重的问题。推动创新可以降低对于资源的依赖水平，资源的使用因而更加合理，有望实现“集约型”的增长方式。

二、转型有利于发展中国家技术进步的持续

模仿和创新对技术进步的推动作用不同。赶超国家的技术水平与世界技术前沿存在较大差距时，模仿的作用大于创新，当与世界技术前沿差距较小时，创新的作用会更为显著。在发展中国家赶超的初期，模仿推动技术进步的作用相当显著。但是，这种显著影响会随着与世界技术前沿的距离缩小而下降。此时，如果仍然只采用模仿来推动技术的进步，显然技术进步的速度会下降。这样，发展中国家的技术进步也会无法持续。因此，发展中国家在技术赶超的过程中，当技术水平达到一定程度时，模仿对技术进步的推动作

用就会下降。此时，创新对于技术的作用会更加显著，积极向创新转型可以使赶超国家的技术路径向创新均衡跃迁，技术进步也会持续。

通过分析可知，由模仿向创新转型是困难的，市场的主体从自身利润的角度考虑，往往会选择模仿来推动技术进步。为了改变市场主体的选择，就要对影响技术转型的要素给予足够的重视，根据国家的技术与经济发展水平和本国的资源禀赋情况努力促进正向影响创新的要素发展，使国家的创新水平和创新能力提升，从而促进市场的主体做出创新的决策。随着整个市场创新数量越来越多，国家技术进步方式就会由模仿向创新转型。这种转型是发展中国家技术赶超路径中的必经阶段，也是发展中国家实现技术赶超的关键。

从发展中国家技术赶超的失败教训来看，发展中国家技术过程中如果转型失败或者转型太晚，就可能造成技术进步停滞或者技术增长缓慢，甚至可能陷入技术“模仿陷阱”。所以，在与世界技术前沿的距离较小时，积极推动技术进步的方式由模仿向创新转型是发展中国家技术进步能否持续的关键。

三、转型有利于发展中国家经济增长的持续

技术进步是经济增长的重要动力。技术进步的持续性可以为经济增长提供持续的动力。如果技术进步停滞，那么经济增长将会失去动力，经济增长也因此变得不可持续。

发展中国家技术赶超的初期通过引进技术、积累资本与劳动力等优势能够实现快速的经济增长。此时，经济增长的推动力有技术进步、要素的积累和规模的扩大，这一阶段的经济增长被认为是要素推动经济增长的阶段。在这一阶段，模仿是推动技术进步的主要动力。对于经济增长的阶段划分，学者们认为，不同阶段经济增长的动力不同，经济增长要从要素推动过渡到全要素生产率来推动。因为按照西方经济学的典型理论，要素的边际报酬递减。这就意味着要素推动经济增长具有不可持续性，要想经济增长能够持续，就要依靠全要素生产率的增长，也就是技术进步。在依靠技术进步推动经济增长的阶段，技术进步的可持续性就是经济增长可持续性的保证。

在本章第一节分析技术转型成功和失败的国家与中等收入陷阱问题时发现，跨越中等收入陷阱的日本和韩国等在处于中等收入阶段时，通过不断地加大对于创新的投入，并通过制度、政策等推动本国的创新。由此可以看出，转型成功的国家在完成转型后，创新成为推动技术进步的主导力量，全要素生产率有很大的提高，同时经济增长水平也不断在提升。而阿根廷、巴西、哥伦比亚等拉美国家在中等收入阶段经济增长的速度缓慢，究其原因，主要是其中等收入阶段正是全要素生产率失去技术进步的阶段，此时只有技术进步的持续才能为经济增长提供强有力的推动力，而这些国家在这一阶段技术进步的停滞使得它们的经济增长失去了动力，经济增长长期停滞。

所以，在全要素生产率推动技术进步的阶段，持续的技术进步是实现持续经济增长的保障，而要保持持续的技术进步，就要积极推动技术由模仿向创新转型。因此，持续的技术进步会为经济增长提供持久的推动力，促进发展中国家的经济持续增长。

第四节　本章小结

本章主要分析技术转型对于发展中国家技术赶超的影响。

首先，将转型成功的韩国和日本与一些转型失败的国家进行对比。对比发现，韩国在20世纪60年代还是农业国家，经过20多年的发展实现了技术赶超。日本作为“二战”后重建的国家，也实现了技术赶超。相反，巴西和阿根廷等较早开始工业化的国家却没有实现技术赶超，至今仍然不是创新主导技术进步的国家。从对比的结果可以得知：第一，技术赶超的确具有可行性；第二，由模仿向创新转型对于技术赶超国家的成功赶超具有决定性作用。

其次，本书分析了中国技术转型的过程和经验。中国作为最大的发展中国家，在投资、人力资本、创新能力等转型因素上表现出由模仿向创新转型的特点。这些迹象表明，中国正在经历转型，中国技术赶超的路径正在由模仿向创新转型，中国正在由一个模仿国家向创新国家转变。本书采用中国省际面板数据建立实证模型，估计转型因素对中国技术进步的影响，并试图通过中国的发展经验来说明影响转型的诸多因素对于转型国家的技术进步所能产生的影响。

最后，本章强调了转型对于发展中国家赶超的重要性。这种重要性主要体现在对赶超国家的要素结构升级、技术进步、经济增长持续性的影响。

本章的研究表明：

第一，发展中国家技术赶超失败的关键原因是没有实现技术进步的方式由模仿向创新转型。技术赶超失败的国家技术进步难以持续，由于技术进步速度等于经济增长的速度,① 所以，技术进步停滞的国家在经济增长上也会出现停滞。这种停滞往往会发生在中等收入阶段的国家。一个中等收入的国家如果技术进步停滞，就会陷入中等收入陷阱。

第二，转型要素对中国的影响与对发展中国家与 OECD 国家的影响并不完全相同。这说明处于转型期的国家对要素的需求与模仿和创新阶段是存在着差异的。所以，转型要素在模仿阶段、由模仿向创新过渡阶段以及创新阶段对于技术进步的作用并不相同。这就要求我们在分析转型要素对技术进步的作用时，一定要结合本国技术进步的主要推动方式或者本国所处的技术赶超的路径位置。

① 根据新古典索罗—斯旺模型的结论，平衡路径上经济增长的速度等于技术进步速度。

第六章　结论与展望

本书运用理论与实证相结合、宏观与微观相联系的研究方法，着重研究了以下三个问题：第一，技术赶超中模仿与创新对技术赶超的推动作用；第二，由模仿向创新转型的影响要素；第三，影响转型的要素在技术赶超的不同阶段对技术进步影响的差异性。

第一节　本书的主要结论

一、宏观理论分析形成的结论

结论一：技术赶超是可行的，技术赶超具有阶段性。

从格申克龙 1962 年提出后发优势理论，到国际贸易中的“蛙跳”理论，再到技术赶超的阶段理论，这些理论都为技术赶超的可行性提供了理论支持。

本书在第二章理论分析部分也论述了赶超的可行性。只要能成功实现由模仿向创新的转型，发展中国家就可以实现技术赶超。

结论二：技术赶超的路径并不是连续的。在技术发展过程中，不同国家的技术水平会向两个均衡点收敛：一个是模仿均衡点，另一个是创新均衡点。

结论三：在技术赶超过程中，发展中国家由模仿向创新转型是困难的，技术赶超很可能会因为转型失败而无法实现。

二、微观理论分析形成的结论

结论一：与行业技术前沿的差距会影响企业对模仿与创新的选择。当技术差距较大时，企业选择模仿所得的利润大于选择创新所得的利润，此时，模仿是推动技术进步的主要形式。当技术差距较小时，企业选择模仿所得的利润小于选择创新所得的利润，此时，创新成为推动技术进步的主要形式。

结论二：企业在技术赶超过程中，技术进步形式由模仿向创新的转型太早或太晚都会影响技术赶超的速度。如果转型太晚，甚至有可能会陷入“模仿陷阱”。

三、实证研究形成的结论

结论一：技术差距、人力资本、物质资本积累、研发与创新等因素均会影响技术收敛。同时，它们也会影响技术赶超中由模仿向创新转型所需要的要素禀赋。

由模仿向创新转型是否成功，对发展中国家技术赶超有着决定性的影响。由模仿向创新转型并不是一个简单的过渡，这个过程的实现是非常困难的。这些要素能够影响这一过程的实现，所以它们在技术赶超过程中发挥着重要作用，对它们的研究是必要的。

结论二：同种要素及要素组合在模仿主导和创新主导的不同国家间对技术进步的影响存在着差异，同种要素自身的发展水平和丰富程度的变化对技术也存在差异性影响。所以，在技术由模仿向创新转型时，对要素禀赋的要求发生变化是造成技术转型困难的主要原因。

结论三：发展中国家由模仿向创新转型的困难是技术赶超失败的主要原因，而技术赶超失败是国家陷入中等收入陷阱的重要原因。

第五章对由模仿向创新转型国家的历史经验进行了研究，研究结果表明，能够完成由模仿向创新转型的国家就能够实现技术赶超，转型失败的国家无法实现技术赶超。由此可以推断，由模仿向创新转型在技术赶超中发挥着关键性作用。技术赶超失败的国家，由于技术水平不能实现持续增长，有些国家会出现技术水平长期停滞，甚至是倒退。新增长理论认为，技术进步是经济增长的动力，所以，当国家出现技术水平长期停滞甚至是倒退时，经济增长也将失去动力。第五章通过对转型失败与中等收入陷阱的论述，说明了技术赶超失败是中等收入陷阱的重要成因。

四、对本书中两个命题的证明

命题3.1：技术赶超路径不连续，存在两个均衡。

在对国家间技术水平进行收敛检验时，本书发现，OECD国家的技术水平绝对收敛，全部样本国家不存在绝对收敛但存在条件收敛。这说明技术赶超的路径并不连续，而是存在两个技术收敛的均衡点。因此，能使技术模仿国家与技术创新国家技术水平收敛的要素，也必定是影响技术由模仿向创新转型的要素。国家间技术水平收敛性检验很好地证明了命题3.1对技术赶超路径不连续以及存在两个均衡所做的论断。

命题3.2：提出模仿阶段与创新阶段技术进步对要素禀赋要求不同，这种不同是造成技术由模仿向创新转型时遭遇困难的重要原因。

三个实证研究结合可以证明这一命题。第一个实证分析：第四章将样本国家分为两组，在对这两组国家间相同要素及其组合对技术进步的影响进行实证研究后我们发现，高低人力资本、研发支出、技术差距等要素及它们的交乘项在这两组国家中对技术进步的影响存在较大的差异。这些差异包括影响作用大小的差异和显著性的差异，以及影响效果相反的差异。第一个实证分析的结果证明了模仿与创新对要素的需求存在差异，在一种模式下能推动技术进步的要素，在另一种模式下并不能起到相同的作用。

第二个实证分析：第四章通过面板门槛回归实证研究了同种要素对技术影响的差异性。研究结果显示，同种要素在对技术产生影响时存在门槛值，要素在不同的水平下对技术的影响存在着结构性的差异。第二个实证分析的结果证明，模仿与创新对于同种要素的丰富程度和发展水平的需求也有差异。

第三个实证分析：第五章对中国转型时期各要素在推动技术进步中的作用进行了实证研究。为了方便对比，选用的要素仍然是第四章实证分析中相同要素。第三个实证分析的结果表明，这些要素对转型国家技术进步的影响，与它们对模仿和创新国家技术进步的影响存在差异。

结合三次实证研究的结论，可以证明命题3.2提出的“模仿阶段与创新阶段技术进步对要素禀赋要求不同，这种不同是造成技术由模仿向创新转型时遭遇困难的重要原因”这一论断。

第二节　研究的不足与展望

一、研究的不足

（1）我们对于技术转型的临界点只做了初步的定性分析，未能进行更为深入的定量分析研究。定量分析得出的转型临界点数值可能会受到样本国家选择和样本数的影响。全球有 200 多个国家和地区，然而，不同国家和地区研究数据的可得性和收集水平存在差异，基于这种考虑本书选择了 66 个国家的数据作为分析样本。样本数量的多少可能会影响到实证分析的结果。

（2）对影响企业创新的各个因素进行分析时，我们重点考虑了企业的融资情况，对其他一些可能影响到微观企业决策的因素，如企业的财务状况、所有权结构等没能展开深入分析。

（3）收集到的微观企业样本数据还不够详细，样本量也比较小。如果能有更多更详细的微观企业在创新、模仿和技术进步方面的数据，那么，本书对企业创新进行实证分析时所得的估计结果可能更为稳健。

二、对未来研究的展望

（1）本书对于理论模型分析只考虑了局部均衡，储蓄率也假定为外生。今后的研究应该考虑将产品市场、资本市场、劳动力市场纳入理论模型中来，从供给与需求两方面的均衡分析来刻画技术赶超的路径。

（2）由于数据的限制，我们对企业创新进行研究时所采用的数据为高新技术产业中的医药行业的数据。在今后的研究中，应力争能收集到更多更详细的企业创新数据，以扩大样本数量和研究指标。

参考文献

[1] Acemoglu D, Scott A. Consumer confidence and rational expectations: Are agents' beliefs consistent with the Theory? [J]. Economic Journal, 1994, 104 (422): 1-19.

[2] Acemoglu D, Aghion P, Zilibotti F. Distance to frontier, selection, and economic growth [J]. Journal of the European Economic Association, 2006, 4 (1): 37-74.

[3] Acemoglu D, Aghion P, Zilibotti F. Vertical integration and distance to frontier [J]. Journal of the European Economic Association, 2003, 1 (2/3): 630-638.

[4] Acemoglu D. A microfoundation for social increasing returns in human capital accumulation [J]. Quarterly Journal of Economics, 1996, 111 (3): 779-804.

[5] Acs Z J, Varga A. Geography, endogenous growth, and innovation [J]. International Regional Science Review, 2002, 25 (1): 132-148.

[6] Aghion P, Bolton P. A theory of trickle-down growth and development [J]. Review of Economic Studies, 1997, 64 (1997): 151-172.

[7] Aghion P, Howitt P. A model of growth through creative destruction [J]. Econometrica, 1992, 60 (2): 323-351.

[8] Aghion P, Howitt P. Market structure and the growth process [J]. Review of Economic Dynamics, 1998, 1 (1): 276-305.

[9] Aghion P, Howitt P. Research and fevelopment in the growth process [J]. Journal of Economic Growth, 1996, 1 (1): 49-73.

[10] Aigner D, Lovell C A K, Schmidt P. Formulation and estimation of stochastic frontier production function models [J]. Journal of Econometrics, 1977, 6 (1): 21-37.

[11] AlAzzawi S. Innovation, productivity and foreign direct investment-induced R&D spillovers [J]. Journal of International Trade & Economic Development, 2012, 21 (5): 615-653.

[12] Amsden A H, Hikino T. Project execution capability, organizational know-how and conglomerate corporate growth in Late Industrialization [J]. Industrial & Corporate Change, 1994, 3 (1): 111-148.

[13] Arellano M, Bover O. Female labour force participation in the 1980s: the case of Spain [J]. Banco De Espa Working Papers, 1994, 19 (2): 171-194.

[14] Arnold L G. Growth in stages [J]. Structural Change & Economic Dynamics, 2003, 14 (1): 55-74.

[15] Atkeson A, Bayoumi T. Do private capital markets insure regional risk? Evidence from the United States and Europe [J]. Open Economies Review, 1993, 4 (4): 303-324.

[16] Baker E. Institutional barriers to technology diffusion in rural africa [R]. Providence: American Agricultural Econnomics Association, 2005.

[17] Banker R D, Maindiritta A. Piecewise loglinear estimation of efficient production surfaces [J]. Management Science, 1986, 32 (1): 126-135.

[18] Barro R J, Sala-I-Martin X. Technology diffusion, convergence and growth [J]. Journal of Economic Growth, 1997, 2 (1): 1-26.

[19] Battese G E, Coelli T J. Frontier production functions, technical efficiency and panel data: With application to paddy farmers in India [J]. The Journal of Productivity Analysis, 1992 (3): 153-169.

[20] Benhabib J, Spiegel M M. The role of human capital in economic devel-

opment evidence from aggregate cross-country data [J]. Journal of Monetary Economics, 1994, 34 (2): 143-173.

[21] Blundell R, Bond S. Initial conditions and moment restrictions in dynamic panel data models [J]. Economics Papers, 1998, 87 (1): 115-143.

[22] Bozeman B. Technology transfer and public policy: A review of research and theory [J]. Research Policy, 2000, 29 (S4/5): 627-655.

[23] Brezis E S, Krugman P R, Tsiddon D. Leapfrogging in international competition: A theory of cycles in national technological leadership [J]. American Economic Review, 1993, 83 (5): 1211-1219.

[24] Battese G E, Coelli T J. Frontier production functions, technical efficiency and panel data: With applications to paddy farmers in india [J]. Journal of Productivity Analysis, 1992 (3): 153-169.

[25] Charnes A, Clark C T, Cooper W W, et al. A developmental study of data envelopment analysis in measuring the efficiency of maintenance units [J]. Annals of Operations Research, 1985, 2 (1): 95-112.

[26] Charnes A, Cooper W W, Seiford L, et al. A multiplicative model for efficiency analysis [J]. Socio-Economic Planning Sciences, 1982, 16 (5): 223-224.

[27] Charnes A, Cooper W W, Seiford L, et al. Invariant multiplicative efficiency and piecewise cobb-douglas envelopments [J]. Operations Research Letters, 1983, 2 (3): 101-103.

[28] Charnes A, Cooper W W, Rhodes E. Evaluating program and managerial efficiency: An application of data envelopment analysis to program follow through [J]. Management Science, 1981, 27 (6): 668-697.

[29] Chen D, Li-Hua R. Modes of technological leapfrogging: Five case studies from China [J]. Journal of Engineering & Technology Management, 2011, 28 (1/2): 93-108.

[30] Chiang E, Xu B. Trade, patents and international technology diffusion

[J]. Journal of International Trade & Economic Development, 2005, 14 (1): 115-135.

[31] Chin J C, Grossman G M. Intellectual property rights and north-south trade [J]. NBER Working Papers, 1988, 13 (2): 87-92.

[32] Chou C F, Shy O Z. A model of technology gap, product cycle, and the process of catching up between the north and the south [J]. Economic Record, 1991, 67 (3): 217-226.

[33] Chui M, Levine P, Pearlman J. Winners and losers in a north-south model of growth, innovation and product cycles [J]. Journal of Development Economics, 1999, 65 (2291): 333-365.

[34] Coe D T, Helpman E, Hoffmaister A W. International R&D spillovers and institutions [J]. NBER Working Papers, 2008, 53 (7): 1-35.

[35] Coe D T, Helpman E, Hoffmaister A W. North-South R&D spillovers [J]. CEPR Discussion Papers, 1995 (107): 134-149.

[36] Coe D T, Helpman E. International R&D spillovers. Eur Econ Rev [J]. European Economic Review, 1993, 39 (5): 859-887.

[37] Coe D T. North-South R & D Spillovers [J]. Economic Journal, 1997 (440): 134-149.

[38] Cohen W M, Levin R C. Empirical studies of innovation and market structure [J]. Handbook of Industrial Organization, 2004 (2): 1059-1107.

[39] Courant P N, Deardorff A V. International trad with lumpy countries [J]. Journal of Political Economy, 1992, 100 (1): 198-210.

[40] Currie D, Chui M. Phases of imitation and innovation in a North-South endogenous growth model [J]. Working Papers, 1996, 51 (1): 60-88.

[41] Cutsem J V, Pattyn N, Vissenaeken D, et al. The influence of a mild thermal challenge and severe hypoxia on exercise performance and serum BDNF [J]. European Journal of Applied Physiology, 2015, 115 (3): 2135-2148.

[42] Dollar D. Technology innovation, capital mobility, and the product cy-

cle in North - South trade [J]. American Economic Review, 1983, 76 (83): 177-190.

[43] Easterlin R A. Structures of American social history [J]. Journal of Economic History, 1981, 41 (4): 926-927.

[44] Eaton J, Kortum S. International technology diffusion: Theory and measurement [J]. International Economic Review, 1999, 40 (3): 537-570.

[45] Eaton J, Kortum S. Trade in ideas: Patenting and productivity in the OECD [J]. International Economic Review, 1996, 40 (3/4): 251-278.

[46] Elkan R V. Catching up and slowing down: Learning and growth patterns in an open economy [J]. Journal of International Economics, 1996, 41 (1/2): 95-111.

[47] Fagerberg J. Domestic demand, learning and comparative advantage [R]. Working Papers Archives, 1994: 113-124.

[48] Fagerberg J. Technology and international differences in growth rates [J]. Journal of Economic Literature, 1994, 32 (32): 1147-1175.

[49] Färe R, Grosskopf S, Roos P. Productivity and quality changes in Swedish pharmacies [J]. International Journal of Production Economics, 1995, 39 (S1/2): 137-144.

[50] Farrell M J. The measurement of productive efficiency [J]. Journal of the Royal Statistical Society, 1957, 120 (3): 253-290.

[51] Feenstra R C. Advanced international trade: Theory and evidence [J]. Journal of International Economics, 2004, 66 (2): 541-544.

[52] Ferrier G D, Lovell C A K. Measuring cost efficiency in banking : Econometric and linear programming evidence [J]. Journal of Econometrics, 1990, 46 (S1/2): 229-245.

[53] Foellmi R. A dynamic north-south model of demand-induced product cycles [R]. Economics Working Paper, 2015.

[54] Gamoran A, Berends M. The effects of stratification in secondary

schools: Synthesis of survey and ethnographic research [J]. Review of Educational Research, 1987, 57 (4): 415-435.

[55] Gatignon H, Robertson T S. Technology diffusion: An empirical test of competitive effects [J]. Journal of Marketing, 1989, 53 (53): 35-49.

[56] Genton P. KMeier-Ewert E Rüther Schlafmedizin Editions Gustav Fischer1993 [J]. Neurophysiologie Clinique, 1994, 24 (1): 94.

[57] Gerschenkron A. Economic backwardness in historical perspective: A book of essays [M]. Cambridge, MA: Belknap Press of Harvard University Press, 1962: 456.

[58] Glass A J, Saggi K. Licensing versus direct Investment: implications for economic growth [J]. Journal of International Economics, 2002, 56 (1): 131-153.

[59] Griffith-Jones S, Ocampo J A. What progress on international financial reform? Why so limited ? [J]. Seminario Regional de Politica Fiscal, 2003 (15): 27-30.

[60] Grossman G M, Helpman E. Comparative advantage and long-run growth [J]. American Economic Review, 1990, 80 (4): 796-815.

[61] Grossman G M, Helpman E. Innovation and growth in the global economy [M]. Cambridge, MA: MIT Press Books, 1993: 1.

[62] Grossman G M, Helpman E. Trade, knowledge spillovers, and growth [J]. NBER Working Papers, 1991, 35 (35): 517-526.

[63] Harris A L. John stuart mill's theory of progress [J]. Ethics, 1956, 66 (3): 157-175.

[64] Helpman E, Coe D T, Hoffmaister A W. north-south rand spillovers [J]. IMF Working Papers, 1994, 94 (144): 134-149.

[65] Helpman E. Innovation, imitation, and intellectual property rights [J]. Econometrica, 1993, 61 (6): 1247-1280.

[66] Hobday M. Innovation in asian industrialization: A Gerschenkronian perspective [J]. Oxford Development Studies, 2003, 31 (3): 293-314.

[67] Howitt P, Mayer-Foulkes D. R/D, implementation, and stagnation: A schumpeterian theory of convergence clubs [J]. Journal of Money Credit & Banking, 2005, 37 (1): 147-177.

[68] Howitt P. Endogenous growth and cross-country income differences [J]. American Economic Review, 2000, 90 (90): 829-846.

[69] Hufbauer G C. Synthetic materials and the theory of international trade [D]. Oxford: University of Oxford, 1966.

[70] Helpman E, Krugman P. Market structure and foreign trade: Increasing returns, imperfect competition and international trade [M]. Cambridge, MA: MIT Press, 1985: 1.

[71] Innwon P, Soonchan P. Reform creating regional trade agreement and foreign direct investment: Applications for East Asia [J]. Pacific Economic Review, 2008, 13 (5): 550-566.

[72] Islam R, Ang J B, Madsen J B. Quality-adjusted human capital and productivity growth [J]. Economic Inquiry, 2010, 52 (2): 757-777.

[73] Jensen R, Thursby M. A strategic approach to the product life cycle [J]. Journal of International Economics, 1986, 21 (S3/4): 269-284.

[74] Jones G. More than just a game: Research developments and issues in competitive anxiety in sport [J]. British Journal of Psychology, 1995, 86 (4): 449-478.

[75] Kahouli B, Kadhraoui N. Consolidation of regional groupings and economic growth: Empirical investigation by panel data [J]. International Journal of Euro-Mediterranean Studies, 2012, 5 (1): 71-92.

[76] Keller W. Are international R&D spillovers trade-related: Analyzing spillovers among randomly matched trade partners [J]. European Economic Review, 1998, 42 (8): 1469-1481.

[77] Kortecamp K, Croninger W R. Addressing barriers to technology diffusion [J]. Journal of Information Technology for Teacher Education, 1996, 5

(5)：71-82.

[78] Kortum S S. Research, patenting, and technological change [J]. Econométrica, 1997, 65 (6): 1389-1419.

[79] Krugman P. Increasing returns, monopolistic competition and international trade [J]. Journal of International Economics, 1979, 9 (4): 469-479.

[80] Krugman P. A model of innovation, technology transfer, and the world distribution of income [J]. Journal of Political Economy, 1979, 87 (2): 253-266.

[81] Levine J M, D'Antonio C M. Forecasting biological invasions with increasing international trade [J]. Conservation Biology, 2003, 17 (1): 322-326.

[82] Madsen J B, Islam M R, Ang J B. Catching up to the technology frontier: The dichotomy between innovation and imitation [J]. Canadian Journal of Economics, 2009, 43 (4): 1389-1411.

[83] Malmquist S. Index numbers and indifference surfaces [J]. Trabajos De Estadistica, 1953, 4 (2): 209-242.

[84] Mansfield E. Intellectual property protection, foreign direct investment, and technology transfer [J]. Discussion Paper International Finance Corporation Washington D. C., 1994, 78 (2): 181-186.

[85] Mansfield E. Composition of R and D expenditures: Relationship to size of firm, concentration, and innovative output [J]. Review of Economics & Statistics, 1981, 63 (63): 610-615.

[86] Mathews J A, Zander I. The international entrepreneurial dynamics of accelerated internationalisation [J]. Journal of International Business Studies, 2007, 38 (3): 387-403.

[87] Mendes P M, Triantis K P. Using dynamic models in management [J]. Annals of Operations Research, 1998, 82 (1): 185-203.

[88] Meriküll J, Poltimäe H, Paas T. International technology diffusion

[J]. Journal of Economic Literature, 2002, 42 (3): 752-782.

[89] Miller P. Accounting for progress—National accounting and planning in France: A review essay [J]. Accounting Organizations & Society, 1986, 11 (1): 83-104.

[90] Miron J A, Romer C D. A new monthly index of industrial production, 1884-1940 [J]. Journal of Economic History, 1990, 50 (2): 321-337.

[91] Mundell R A. International trade and factor mobility [J]. American Economic Review, 1957, 47 (3): 321-335.

[92] Pack H, Westphal L E. Industrial strategy and technological change: Theory or reality [J]. Journal of Development Economics, 1986, 22 (1): 87-128.

[93] Pakes A, Schankerman M. An Exploration Into the Determinants of Research Intensity [M]. New York: National Bureau of Economic Research, 1984: 209-232.

[94] Reed M, Salvacruz J, Peters G H, et al. Technological progress and international trade: The case of the less developed ASEAN countries [R]. Harare, Zimbabwe: International Association of Agricultural Economist 1994 Conference, 1994-08-22-29.

[95] Rivera-Batiz L A, Romer P M. International trade with endogenous technological change [J]. European Economic Review, 1992, 35 (4): 971-1001.

[96] Roodman D. How to doxtabond2: An introduction to "difference" and "system" GMM in Stata [J]. Stata Journal, 2006, 9 (1): 86-136.

[97] Schaeffer E, Lucero M A, Jeltsch J M, et al. Complete structure of the human transferrin gene: Comparison with analogous chicken gene and human pseudogene [J]. Gene, 1987, 56 (1): 109-116.

[98] Schumpeter J A. The theory of economic development [J]. General Information, 1934, 355 (1403): 159-192.

[99] Shikher S. International production, technology diffusion, and trade [J]. Journal of International Trade & Economic Development, 2014, 23 (1): 111-154.

[100] Snowdon A L. A Review of the Nature and Causes of Post-harvest Deterioration in Fruits and Vegetables, with Especial Reference to those in International Trade [M]. Berlin: Springer Netherlands, 1988: 585-602.

[101] Stokey N L. Catching up and falling behind [J]. NBER Working Papers, 2012, 23 (7): 80-86.

[102] Taylor J B. Aggregate dynamics and staggered contracts [J]. Journal of Political Economy, 1980, 88 (1): 1-23.

[103] Taylor M S. TRIPS, trade and growth [J]. International Economic Review, 1993, 35 (2): 361-381.

[104] Udwadia F E, Lall A, Udwadia Z F, et al. Tetanus and its complications: Intensive care and management experience in 150 Indian patients [J]. Epidemiology & Infection, 1988, 99 (3): 675-684.

[105] Ueda M. Accelerated depreciation, business investment and economic growth [J]. St. Andrews University Economic Review, 1971 (12): 13.

[106] Vandenbussche J, Aghion P, Meghir C. Growth, distance to frontier and composition of human capital [J]. Journal of Economic Growth, 2006, 11 (2): 97-127.

[107] Vernon R. International investment and international trade in product cycle [J]. International Executive, 1966, 8 (4): 16-20.

[108] Wake Y. International investment and economic growth: Fisherian and diagrammatic approch [J]. Mita Business Review, 1977 (20): 54-75.

[109] Windmeijer F. A finite sample correction for the variance of linear efficient two-step GMM estimators [J]. Journal of Econometrics, 2005, 126 (1): 25-51.

[110] Yang G, Maskus K E. Intellectual property rights, licensing, and in-

novation in an endogenous product-cycle model [J]. Journal of International Economics, 2001, 53 (1): 169-187.

[111] 蔡昉，都阳. 工资增长、工资趋同与刘易斯转折点 [J]. 经济学动态，2011 (9): 9-16.

[112] 蔡昉. “中等收入陷阱”的理论、经验与针对性 [J]. 经济学动态，2011 (12): 4-9.

[113] 蔡昉. 中国的人口红利还能持续多久 [J]. 经济学动态，2011 (6): 3-7.

[114] 蔡立雄，何炼成. 转型期技术模仿与创新研究：一个需求模型分析 [J]. 太原理工大学学报 (社会科学版)，2006，24 (3): 34-39.

[115] 陈德智. 技术跨越研究进展 [J]. 中国管理科学，2004，12 (z1): 560-565.

[116] 陈抗，郁明华. 基于博弈论视角的企业技术创新行为研究 [J]. 现代管理科学，2006 (1): 31-33.

[117] 陈亮. 中国跨越“中等收入陷阱”的开放创新：从比较优势向竞争优势转变 [J]. 马克思主义研究，2011 (3): 50-61.

[118] 陈昭，叶景成. 基于中国经济态势下“贸易条件恶化论”的适用性研究 [J]. 国际商务 (对外经济贸易大学学报)，2012 (1): 71-80.

[119] 陈智远. 动态比较优势经验研究 [J]. 世界经济文汇，2002 (1): 64-72.

[120] 傅家骥. 技术创新学 [M]. 北京：清华大学出版社，1998.

[121] 傅强，杨秀苔. 技术创新与缩小技术差距的一个简单动力学模型 [J]. 科技与管理，1999 (1): 56-59.

[122] 傅晓霞，吴利学. 技术差距、创新路径与经济赶超：基于后发国家的内生技术进步模型 [J]. 经济研究，2013 (6): 19-32.

[123] 郭庆旺，贾俊雪. 中国全要素生产率的估算：1979—2004 [J]. 经济研究，2005 (6): 51-60.

[124] 韩民春，徐姗. 国外动态比较优势理论的演进 [J]. 国外社会科

学，2009（3）：46-52.

［125］贺力平．19世纪国际贸易的增长与世界经济发展的相互关系［J］．世界经济，1989（5）：50-55.

［126］简新华，许辉．后发优势、劣势与跨越式发展［J］．经济学家，2002（6）：30-36.

［127］杰弗里·萨克斯，胡永泰，杨小凯．经济改革和宪政转轨［J］．经济学（季刊），2003，2（4）：961-988.

［128］黎娟娟．对林毅夫比较优势战略的再思考：重读林毅夫《中国的奇迹：发展战略与经济改革》［J］．改革与战略，2010，26（1）：22-26.

［129］李红．技术创新与中小企业转型发展［J］．改革与战略，2013，29（3）：102-105.

［130］李建民．技术扩散、技术垄断与中国科技战略转变［J］．中国科技论坛，2006（2）：18-22.

［131］李思一．发展中国家引进与自主创新的关系［J］．国际技术经济研究，2000（3）：15-22.

［132］林毅夫，董先安，殷韦．技术选择、技术扩散与经济收敛［J］．财经问题研究，2004（6）：3-10.

［133］林毅夫，李永军．比较优势、竞争优势与发展中国家的经济发展［J］．管理世界，2003（7）：21-28.

［134］林毅夫，张鹏飞．后发优势、技术引进和落后国家的经济增长［J］．经济学（季刊），2005（4）：53-74.

［135］林毅夫，蔡昉，李周．比较优势与发展战略：对“东亚奇迹”的再解释［J］．中国社会科学，1999（5）：4-20.

［136］林毅夫．发展战略、自生能力和经济收敛［J］．经济学（季刊），2002（1）：269-300.

［137］林毅夫．后发优势与后发劣势：与杨小凯教授商榷［J］．经济学（季刊），2003，2（4）：8989-1004.

［138］刘和东，石岿然．自主创新与模仿的博弈分析［J］．科学学与科

学技术管理，2007，28（4）：68-70.

［139］刘任重．从模仿性到自主性创新的进化机理研究［J］．中国科技论坛，2013（12）：12-16.

［140］刘世锦．中国经济面临的真实挑战与战略选择［J］．财经界，2011（7）：60-62.

［141］刘学武．投资、消费、国际贸易与中国经济增长：1989—1999 年经验分析［J］．世界经济，2000（9）：39-45.

［142］曼斯菲尔德，范雄白．长波与技术革新［J］．国外社会科学，1984（3）：21-23.

［143］欧阳峣，生延超．技术差距、技术能力与后发地区技术赶超［J］．中国软科学，2008（2）：153-160.

［144］彭纪生，刘春林．自主创新与模仿创新的博弈分析［J］．科学管理研究，2003，21（6）：18-22.

［145］钱纳里．发展的型式［M］．北京：经济科学出版社，1988.

［146］桥本寿朗，赵微．日本企业体制论［J］．南开日本研究，1999（2）：35-68.

［147］桥本寿朗．现代日本经济［M］．上海：上海财经大学出版社，2001.

［148］山崎正胜．日本的科技之路［J］．世界知识，2002，1342（9）：46-47.

［149］山崎正胜．日本科学技术政策的特征［J］．科学学研究，2002，20（4）：402-405.

［150］生延超．企业技术能力与技术创新方式选择［J］．管理科学，2007，20（4）：23-29.

［151］斯托克斯．基础科学与技术创新［M］．北京：科学出版社，1999.

［152］舒尔茨．论人力资本投资［M］．北京：北京经济学院出版社，1990：39-45.

［153］谭裕华，冯邦彦．动态比较优势研究新进展［J］．经济学动态，

2008（4）：84-88.

[154] 唐晓华，王伟光，马晓平．经济转型期的企业技术创新障碍分析[J]．中国工业经济，2001（8）：76-80.

[155] 王洪光．南北贸易与内生增长：南方既模仿又创新［J］．南方经济，2008（7）：3-13.

[156] 王磊，阚益．中低技术产业自主创新文献综述［J］．华东经济管理，2013（8）：155-158.

[157] 王文龙，唐德善．后发劣势：对后发国家发展战略的深层思考[J]．经济问题，2007（4）：33-37.

[158] 王一鸣，王君．关于提高企业自主创新能力的几个问题［J］．中国软科学，2005（7）：10-14.

[159] 王子先．服务贸易新角色：经济增长、技术进步和产业升级的综合性引擎［J］．国际贸易，2012（6）：47-53.

[160] 魏枫．从模仿到创新的路径研究与中国经验［D］．北京：中国社会科学院研究生院，2009.

[161] 魏枫．由模仿通向创新之路：低价工业化与经济增长路径［J］．河北经贸大学学报，2009，30（2）：26-31.

[162] 吴晓丹，陈德智．技术赶超研究进展［J］．科技进步与对策，2008，25（11）：236-240.

[163] 谢文泽．警惕新自由主义改革的“陷阱”：拉美新自由主义改革的教训［J］．拉丁美洲研究，2004（2）：21-26.

[164] 徐建斌，尹翔硕．贸易条件恶化与比较优势战略的有效性［J］．世界经济，2002（1）：31-36.

[165] 杨凤鸣．贸易、增长与世界事务：贸易政策是欧盟2020战略的核心组成部分［J］．国际贸易译丛，2011（2）：1-18.

[166] 杨小凯．经济改革和宪政转轨：回应［J］．经济学（季刊），2003（3）：1005-1008.

[167] 叶静怡，李晨乐．知识产权保护与国际技术扩散［J］．经济学动

态，2010（6）：103-108.

［168］易先忠，张亚斌，刘智勇．自主创新、国外模仿与后发国知识产权保护［J］．世界经济，2007（3）：31-40.

［169］易先忠，张亚斌．技术差距与人力资本约束下的技术进步模式［J］．管理科学学报，2008，11（6）：51-60.

［170］易先忠．技术差距双面效应与主导技术进步模式转换［J］．财经研究，2010，36（7）：39-48.

［171］易先忠．自主创新、技术模仿与中国技术赶超［M］．长沙：湖南大学，2008.

［172］殷德生，胡峰．动态比较优势的来源与演进［J］．求索，2006（4）：1-4.

［173］殷德生．报酬递增、动态比较优势与产业内贸易［M］．北京：经济科学出版社，2006.

［174］约瑟夫·熊彼特．经济发展理论［M］．孔伟，朱攀，娄季，译．北京：北京出版社，2008.

［175］张继磊，张凤武．基于博弈论视角的企业技术合作创新分析［J］．科技与管理，2008，10（5）：18-20.

［176］张景安．建设我国国家创新体系总体框架的思考［J］．中国软科学，2003（7）：6-11.

［177］张景安．实现由技术引进为主向自主创新为主转变的战略思考［J］．中国软科学，2003（11）：1-5.

［178］张觉力，王文龙．贸易条件恶化论的发展及意义［J］．经济问题探索，2002（10）：13-16.

［179］张韧．贸易贫困化增长研究［D］．上海：上海大学，2006.

［180］张亚斌，易先忠，刘智勇．后发国家知识产权保护与技术赶超［J］．中国软科学，2006（7）：60-67.

［181］张仲深．对外贸易：香港“经济增长的发动机”［J］．经贸导刊，1996（7）：33-34.

[182] 赵忆宁．“技术引进”与“自主创新”的论争［J］．瞭望新闻周刊，2003（27）：14-17.

[183] 周寄中，胡志坚，周勇．在国家创新系统内优化配置科技资源［J］．管理科学学报，2002（3）：40-49.

[184] 朱雅彦．技术赶超的研究与发展评述［J］．现代管理科学，2010（12）：56-58.

[185] 曾国安，王继翔．发展中国家工业化的后发劣势与后发优势评析［J］．经济学动态，2003（10）：67-70.